MORIA.
SYSTEM.
ZEUGEN.

Flüchtlinge, Einheimische und Helfer
in Zeitzeugenbegegnungen

Martin Gerner

Böhlau Verlag Wien Köln

© 2021 Böhlau, Lindenstraße 14, D-50674 Köln, ein Imprint der Brill-Gruppe
(Koninklijke Brill NV, Leiden, Niederlande; Brill USA Inc., Boston MA, USA;
Brill Asia Pte Ltd, Singapore; Brill Deutschland GmbH, Paderborn, Deutschland; Brill Österreich GmbH, Wien, Österreich)

Koninklijke Brill NV umfasst die Imprints Brill, Brill Nijhoff, Brill Hotei,
Brill Schöningh, Brill Fink, Brill mentis, Vandenhoeck & Ruprecht, Böhlau,
Verlag Antike und V&R unipress.

Alle Rechte vorbehalten. Das Werk und seine Teile sind urheberrechtlich
geschützt. Jede Verwertung in anderen als den gesetzlich zugelassenen Fällen
bedarf der vorherigen schriftlichen Einwilligung des Verlages.

Umschlagabbildung: Moria nach dem Brand, Foto Martin Gerner

Einbandgestaltung: Beate Sonneborn, Wuppertal
Layout: Beate Sonneborn, Wuppertal
Druck und Bindung: Finidr, Tschechische Republik
Gedruckt auf chlor- und säurefreiem Papier
Printed in the EU

Vandenhoeck & Ruprecht Verlage | www.vandenhoeck-ruprecht-verlage.com

ISBN 978-3-412-52389-3

INHALT

VORWORT von Heribert Prantl — 7

ÜBER DAS LAGER MORIA UND DIE KONFLIKTZONE LESBOS — 13

LESBOS Prolog in Bildern — 22

DIE EINHEIMISCHEN »Ich bewundere den Mut dieser Menschen, die hier als Flüchtlinge ankommen.« — 29
DIE FLÜCHTLINGE »Statt Sicherheit treffen wir erneut auf Unruhe, die traumatisiert« — 35
HELFER:INNEN UND FREIWILLIGE »Hilfsorganisationen sollen helfen, aber ganz viel dreht sich um das Geld« — 45

ZWISCHEN-WELTEN I Flüchtlinge und Einheimische auf Lesbos — 48

DIE EINHEIMISCHEN »Wir haben Angst, unsere Heimat zu verlieren« — 69
DIE FLÜCHTLINGE »Sogar Tiere haben mehr Rechte als wir« — 75
HELFER:INNEN UND FREIWILLIGE »Kriminelle Strukturen, die vor europäische Gerichte gehören« — 79

ZWISCHEN-WELTEN II Flüchtlinge und Einheimische auf Lesbos — 82

DIE EINHEIMISCHEN »Niemand schaut auf uns Inselbewohner« — 99
DIE FLÜCHTLINGE »Unsere Träume sind blockiert, aber der Unterricht gibt uns Hoffnung« — 107
HELFER:INNEN UND FREIWILLIGE »Doppelte Migration: Junge Griechen verlassen Lesbos, ohne Perspektive« — 113

ZWISCHEN-WELTEN III Flüchtlinge und Einheimische auf Lesbos — 124

DIE SICHT DER WISSENSCHAFT »Eine Kultur der systematischen Unzuständigkeit« — 141

MORIA Epilog in Bildern — 158

NACHWORT — 164
ZUM AUTOR — 166
BILDREGISTER — 166
ZU DEN GEDICHTEN — 167
DANKSAGUNG — 168

Dieses Buch widme ich meinen Eltern
sowie jenen Menschen, die gezwungen sind, ihre Heimat
zu verlassen aus den verschiedensten Gründen.

VORWORT
Europäische Flüchtlingspolitik: das Hin- und Her- und Wegschieben von Verantwortung

Von Heribert Prantl

Flüchtlingsbücher gibt es viele. Dieses Buch ist keines der vielen. Es ist keine Studie über Migration. Es ist keine Reportage über ein Einzelschicksal. Es ist kein Leitartikel in Buchform. Es ist kein Lagergemälde. Es ist auch kein Spendenaufruf auf x Seiten. Es ist ein Buch, das nicht klagt und nicht lamentiert. Es ist ein Buch, das die Augen öffnet dafür, wo das Elend sitzt und wie es heißt.

Es ist ein Buch der Aufklärung darüber, warum die europäische Flüchtlingspolitik hinten und vorn nicht funktioniert und darüber, wie sie funktionieren könnte. Dieses Buch ist eine Dokumentation über die katastrophalen Zustände in Moria und auf Lesbos, es ist ein Buch über Hilfe und Hilflosigkeit. Dieses Buch ist ein Protokoll – ein Protokoll der Begegnungen mit Zeitzeugen; also mit Geflüchteten und Einheimischen, mit Olivenbauern und Polizisten; es berichtet von Erfahrungen mit Leuten, die helfen wollen, es aber es nicht können, und mit Leuten, die helfen können und es auch tun. Es ist ein Buch über hilflose und hilfreiche Hilfe. Es ist ein Buch über Leute, die an den Flüchtlingen und ihrem Elend unglaublich viel Geld verdienen. Und es ist ein Buch über Menschen, die trotz alledem ihren Mut nicht verloren haben – und uns, den Europäerinnen und Europäern zeigen, was wir lernen können von den Flüchtlingen: »Wie man ein Leben in der Not in die Hand nimmt«, wie man »etwas pflanzt, wo vorher kein Nährboden zu sein schien«.

Es ist dies ein ganz und gar ungewöhnliches Buch. Der Autor Martin Gerner ist ein Mann, der Aufbauhelfer in Kriegsländern war, der die Sprachen und die Sprache der Flüchtlinge spricht, der sie deshalb anhören und zu Wort kommen lassen kann. Er tut das auf packende und anrührende Weise: Und so hat sein Buch nicht nur einen, sondern viele Autoren. Dieses Buch über das Elend auf Moria und Lesbos ist ein Sektionsbericht. Es liest sich wie eine gerichtsmedizinische Untersuchung der europäischen Flüchtlingspolitik. Es protokolliert eine Katastrophe, ein multiples Versagen.

Der Name »Moria« steht nicht erst seit gestern und heute für ein furchtbares Geschehen. Er steht für die Praxis des Menschenopfers und zugleich für dessen Abschaffung. Moria ist der Ort, an dem ein Vater seinen Sohn töten will – weil der Gott dies befiehlt. Der Vater ist Abraham, der Urvater und Namensgeber der abrahamitischen Weltreligionen; deren Urmythos ist die Erzählung von der »Bindung Isaaks«. In der christlich-jüdischen Variante findet man die grausige Geschichte im Buch Genesis: Abraham soll zur Prüfung seines Gehorsams in Moria seinen Sohn Isaak töten – als Brandopfer, als Menschenopfer. Abraham folgt der göttlichen Stimme; er hat seinen Sohn schon festgebunden auf den Holzscheiten und hebt das Messer – da öffnet sich der Himmel: »Leg deine Hand nicht an das Kind und tu ihm nichts«, ruft ein Bote Gottes im letzten Moment und macht so dem schaurigen Spuk, der angeblichen Gehorsamsprüfung, ein Ende. So sadistisch diese Geschichte anmutet, wenn man sie von ihrem Anfang her sieht, so humanisierend ist sie, wenn man sie von ihrem Ende her betrachtet. Religionsgeschichtlich markiert diese Erzählung einen Wandel im Gottesbild, nämlich die Abkehr von einem Gott, dem man Kinder opfern muss, um ihn zu befrieden.

Es ist eine Geschichte, die empört und beunruhigt und provoziert, für heutige Leser wirkt sie archaisch und aus der Zeit gefallen. Sie ist aber nicht so aus der Zeit gefallen, wie man meint: Auch heute sind Menschen bereit, für einen Gott, für eine Religion, für eine höhere Sache Menschen zu opfern. Ersetzen wir das Wort Gott durch ein anderes – durch das Wort »Realpolitik« zum Beispiel, oder durch das Wort »Sachzwänge«: Es gibt eine Politik, die den Tod von Menschen wegen angeblicher Sachzwänge, wegen höherer Interessen in Kauf nimmt. Diese Politik heißt Flüchtlingspolitik. Sie wird exekutiert im Mittelmeer. Die Zahl der Flüchtlinge, die dort ertrinken, steigt und steigt. Es sind hier aber nicht, wie bei Corona, die Rettungsmaßnahmen alternativlos, sondern, so vermittelt es die Politik, das Elend und das Sterben.

Das Moria von heute liegt auf der Insel Lesbos, ein riesiges Flüchtlingslager ist dort im Sommer 2020 abgebrannt, die Flüchtlinge wurden noch obdachloser, zum Teil nächtigten sie dann auf dem Friedhof. Der Himmel hat sich aber nicht geöffnet. Es gab keine Rettungsaktionen, die diesen Namen verdienten. Es gab keine Hilfe, die diesen Namen verdiente. Es gab das Versprechen von Deutschland und Frankreich, ein paar hundert Kinder aufzunehmen. Moria war ein Lager, das der Abschreckung diente – dort wurden Flüchtlinge, Familien, Kinder der Abschreckung geopfert. In Moria 2, dem Nachfolgelager, ist es nicht anders. Die hygienischen Bedingungen, die Versorgungs- und Sicherheitslage im Lager Kara Tepe auf der Insel Lesbos sind zum Erbarmen.

Das Buch von Martin Gerner zeigt ein Abbild dieser Zustände und es schildert, wie die Zuständigen die Verantwortlichkeiten hin- und her- und wegschieben. Der Satz des deutschen Entwicklungshilfeminister Gerd Müller (CSU) wird so grausam plastisch. Müller hat nach einem Besuch im Lager Moria gesagt hat: »Wer einmal in diesem Lager war, der wird nicht von einem Flüchtlingslager sprechen, sondern von einem Gefägnnis«. Er sprach von »unterirdischen Zuständen«. Und er folgerte: »Jetzt muss sofort geholfen werden. Die Menschen müssen verteilt werden«. Das ist auch das Anliegen des Buches von Martin Gerner.

Das Moria von heute: Es hat nicht, wie in der Brandopfer-Geschichte von Abraham und Isaak, ein rettender Engel eingegriffen, es gibt keine staatliche, es gibt keine europäische Hilfe, die diesen Namen verdient. Es hat gebrannt, der Brand hat die Blicke, aber auch die Gehässigkeiten nach Moria gelenkt: Wahrscheinlich waren es, so sagte es die griechische Regierung und so wiederholten es genüsslich die extremistischen Populisten in ganz Europa, Flüchtlinge, die das Lager angezündet haben. Wenn es wirklich so war – dann war es ein Fanal der Verzweiflung. Darf man deswegen die Hilfe verweigern, eine Hilfe, die obdachlose Familien, die verzweifelte Kinder bitter nötig haben? Darf man, wenn es so war, den Brandstiftern sagen: Selber schuld? Schickt man bei einer Massenkarambolage, die ein betrunkenen Autofahrer verursacht hat, die Rettungswägen nicht? In der Stunde der Not fragt man nicht, wie jemand in diese Not gekommen ist. Man hilft – so gut es nur geht. Danach, wer den Schaden angerichtet hat, fragt man später.

Die alten Moria-Bilder, von der Opferung des Isaak, hat Rembrandt gemalt, sie hängen in der Eremitage von Sankt Petersburg und in der Münchner Alten Pinakothek. Im Kölner Dom gibt es ein großes Mosaik davon. An Kloster- und Kirchenportalen findet man Reliefs. Heute gibt es die Bilder in den Fernsehnachrichten – Bilder vom brennenden Flüchtlingslager Moria. Moria heute. Matteo Salvini, ein Politiker der rechtsradikalen Lega Nord, er war von Juni 2018 bis September 2019 italienischer Innenminister und stellvertretender Ministerpräsident, hat mit brutal-populistischer Offenheit gesagt, worum es ihm bei der Flüchtlingspolitik geht: Um »Menschenopfer«, zur Abschreckung.

Viele andere europäische Politiker denken das auch. Sie sagen das nur nicht so brutal. Und sie verweigern sich einer großen Hilfsaktion für die obdachlosen Flüchtlinge des Lagers Moria, weil sie fürchten, dass solche Hilfe neue Flüchtlinge anlocken könnte. Deswegen blieben die Bitten, die Forderungen von Teilen der deutschen Bürgergesellschaft, die Flüchtlinge in Deutschland aufzunehmen, unerhört. Die Hilfsbedürftigen werden Mittel zum abschreckenden Zweck. Ihnen wird nicht geholfen, sie werden in den Dreck getreten. Die Regierungspolitik fürchtet sich vor der AfD und deren Agitation. Diese Furcht ist größer als der Respekt vor den Grundsätzen der Menschlichkeit.

Handeln wir so, wie wir behandelt werden wollten, wenn wir Flüchtlinge wären: Wir würden nicht wollen, dass wir mit der Aussicht auf angebliche europäische Lösungen abgespeist werden. Die Rede von den europäischen Lösungen, vom angeblichen europäischen Verantwortungszusammenhang, gibt es nun schon seit Jahrzehnten. Damals, es war 1995, hat der Bundesinnenminister Manfred Kanther (CDU) die Richter des Bundesverfassungsgerichts damit eingewickelt und sie auf diese Weise daran gehindert, die Einschränkungen des Asylgrundrechts zu verwerfen. Aber: Die europäischen Lösungen existieren nicht, sie stehen nicht in Aussicht. In Aussicht steht nur, dass Europa an den EU-Außengrenzen Lager nach dem Muster von Lesbos einrichtet: Abschreckungslager. Solche Lager sind keine Hilfe, sie sind eine Schande.

Handeln wir so, wie wir behandelt werden wollten, wenn wir Flüchtlinge wären: Die Konsequenz aus dieser Regel waren und sind die Flüchtlingskonventionen, die Charta der Menschenrechte, die Europäische Grundrechte-Charta. Es ist ein gewaltiger Fortschritt, dass es all dies gibt. Es war ein historischer Fortschritt, dass sich also die Völker und die Nationen verpflichtet haben, Flüchtlinge zu schützen. Aber das Papier allein schützt die Flüchtlinge nicht. Im Angesicht der Not der Flüchtlinge aus Syrien und aus den Hunger- und Bürgerkriegsländern Afrikas muss sich zeigen, ob diese Konventionen mehr sind als ein Wasserfall von Phrasen.

Europa lebt nicht nur vom Euro; es lebt von seinen Werten, von der Glaubens- und Gewissensfreiheit, der Freiheit der Person, der Gleichheit der Menschen vor dem Gesetz und der Freizügigkeit. Europa lebt davon, dass es die Menschenwürde schützt. Die Menschenwürde ist nicht aus Seife, sie nützt sich nicht ab, nur weil es angeblich zu viele sind, die sich auf sie berufen. Dieser Satz löst das »Survival of the fittest« ab. Nicht Stärke und Anpassungsfähigkeit sind es, die das Leben sichern – nein, die Geltung des Rechts ist die Lebensversicherung. Wer das Recht, auch das Recht der Flüchtlinge, abwehrt, der verwandelt die Gesellschaft in ein Haifischbecken. Das Wesen des Rechts besteht darin, dass es aus dem Haifischbecken eine Gesellschaft formt.

Dieser Satz ist also nicht nur eine Grundlage für die Gewissenserforschung von Staats- und Kommissionspräsidenten, von Ministern, Parlamentsabgeordneten und Parteipolitikern, er ist nicht nur moralische Handlungsanleitung für den politischen Betrieb und für Jedermanns Alltag. Handeln wir, wie wir behandelt sein wollten: Es ist dies eine Maxime, die Recht schafft. Handeln wir, wie wir behandelt sein wollten, wenn wir Flüchtlinge wären: Als moralischer Imperativ allein trägt nämlich der Satz nicht. Denn die Vorstellung, selber so ein elender schutzbedürftiger Mensch zu sein, kann geradezu die Unmoral anstacheln, diese Vorstellung kann den Impuls verstärken, die Fremden abzuwehren, weil man den Anblick der Hilflosigkeit nicht erträgt. Es ist jedoch gerade das Recht, das verhindern soll, dass man selbst schutz- und hilflos wird. Das zu erklären, ist Aufklärung.

Diese Aufklärung ist nie zu Ende. Sie ist immer und immer wieder notwendig, weil das Recht nicht einfach da ist und da bleibt, sondern immer wieder erkannt, organisiert und verteidigt werden muss. Das gilt auch für die Genfer Flüchtlingskonvention, die im Juli 2021 siebzig Jahre alt geworden ist. Das Buch von Martin Gerner ist ein Buch zu diesem Jubiläum. Es ist ein Buch über Verzweiflung und Hoffnung. Hoffnung ist der Wille zur Zukunft.

Prof. Dr. jur. Dr. theol. h.c. Heribert Prantl war 25 Jahre lang Leiter der Redaktionen Innenpolitik und Meinung der Süddeutschen Zeitung, lange Jahre auch Mitglied der Chefredaktion. Heute ist er Autor und Kolumnist der Zeitung. Er ist eine wichtige Stimme im Diskurs um Migration und Integration.

Nächste Seite: Der Lagerbrand in Moria in der Nacht zum 9. September 2021
(picture alliance, AP Photo/Petros Giannakouris)

Das Mittelmeer und der Tod I

ÜBER DAS LAGER MORIA UND DIE KONFLIKTZONE LESBOS

mit Zeichnungen des Autors

Dieses Buch erscheint zum ersten Jahrestag des Brandes im Flüchtlingslager Moria. Als am 9. September 2020 die Bilder eines menschengemachten Infernos auf dem griechischen EU-Hotspot Lesbos über die Bildschirme in unsere Wohnzimmer flimmerten, fiel es zunächst schwer, das Ausmaß dieser Katastrophe zu erfassen. Die vom Wind angetriebene Feuersbrunst machte Tausende Menschen mit einem Schlag obdachlos. Ein Strom von Menschen ergoss sich in den Minuten und Stunden danach aus diesem größten Flüchtlingslager mitten in Europa. Die Menschen trieb es aus ihren notdürftigen Zelten und Hütten auf die Straße und unter den nächtlichen Himmel. Manche brachten sich am Fuß des Berges zwischen Olivenbäumen in Sicherheit, andere am nahgelegenen Meer. Am Morgen danach – die ersten Fernsehstationen hatten bereits ihre Kameras aufgebaut – war unklar, ob und wie viele Opfer es gegeben hatte. Zugleich wurde für jedermann sichtbar: Europa lieferte ein Bild unerträglicher Untätigkeit. Die Art und Weise, wie Menschen auf der Flucht an den Außengrenzen Europas in einem humanitär unwürdigen Zustand sich selbst überlassen blieben, symbolisierte auf schockierende Weise eine erneute Grenze.

Zwei Wochen nach dem Brand stellte die EU-Kommission einen Plan über eine verbesserte Asyl- und Migrationspolitik vor. Sie hoffte so die Geister, die der Brand von Moria für alle sichtbar gemacht hatte, schnellstmöglich zu vertreiben. Tatsächlich aber blieb und bleibt die humanitäre Lage auch im neuen, provisorischen Flüchtlingslager Kara Tepe unverändert schlecht. Und das trotz Hilfslieferungen und öffentlicher sowie privater Spenden in Millionenhöhe aus aller Welt.

Die Frage nach unserem Umgang mit Schutzsuchenden an den Außengrenzen der EU reißt nicht ab. Sie ist deshalb so wichtig, weil Europa sich mit der Nachkriegszeit rechtliche Standards und verbriefte Mindestgarantien im Umgang mit Opfern von Flucht, Krieg und Gewalt gegeben hat. Diese geraten zunehmend in die Defensive durch rechtspopulistische und rechtsextreme Bewegungen in Europa und weltweit. Ein Teil dieser Menschen sieht

Fluchtbewegungen als eine Bedrohung für ihre eigene Identität an. Ein politisches Kraut dagegen scheint derzeit noch nicht gewachsen. Untätig sein ist keine Alternative. Am ehesten vermag politische Aufklärung zu helfen. Diese Dokumentation soll dafür Argumente liefern. Die Berichte der Zeitzeug:innen, die in diesem Band zu Wort kommen, stehen deshalb stellvertretend für Tausende von ungehörten Stimmen in Moria, auf Lesbos und an den Außengrenzen Europas.

Meine eigene Geschichte und Recherche auf der Balkanroute und in Moria beginnt 2017. Sie ist nicht die eines gewöhnlichen deutschen Reporters auf Lesbos. Vielmehr verbinden mich langjährige Lebenserfahrungen in den Kriegsländern selbst mit vielen der Flüchtlinge. Jahre, die ich im Krieg als Aufbauhelfer in Afghanistan und Irak verbracht habe. Durch das gemeinsame Leben und Erleben und dadurch, dass ich mich in den Sprachen Farsi, Dari, Arabisch und Französisch mit den Flüchtlingen verständigen kann, konnte in bestimmten Fällen eine besondere Nähe entstehen.

Es mag auffallen, dass diese Fotografien und Zeitdokumente in einem Kontrast stehen zu bekannteren Fotografien vom Brand aus unseren Medien oder wie jenem, das gleich zu Beginn dieses Bandes abgedruckt ist. Sie bilden den einen Teil ab, nämlich persönliche Schicksale. Der andere, weniger gezeigte Teil, hat sowohl mit der Würde der Menschen im Lager Moria und mit den Grautönen ihres Alltags zu tun als auch mit individuellen Schicksalen auf der Insel Lesbos. Beides wird hier zur Sprache gebracht. Denn Vieles, das zur Vor- und Nachgeschichte der Katastrophe im September 2020 zählt, ist nach wie vor unausgesprochen.

In Moria und auf Lesbos, das bemerkte ich sehr schnell, wiederholen sich systemimmanente Muster von Krisenintervention, humanitär gemeinter, aber teils kontraproduktiver Hilfe und menschliche Fehler. In dem Konfliktgebiet und Brennpunkt, zu dem Lesbos nach 2015 geworden ist, entstanden vielfältige Spannungen vor allem zwischen drei Gruppen von Akteuren: Den Einheimischen, den Flüchtlingen und den Helfer:innen bzw. den Freiwilligen, auch Volunteers genannt. Allen drei Gruppen gilt in diesem Band meine Aufmerksamkeit, alle drei sind Zeitzeug:innen im Kontext von Moria. Alle drei stehen in vielfältigen Beziehungen zueinander auf Lesbos und in Moria.

Das Mittelmeer und der Tod II

Das Mittelmeer und der Tod III

Zugleich herrscht zwischen diesen Gruppen eine kulturelle Verwirrung, überspitzt gesagt, bilden sie so etwas wie Parallelgesellschaften auf engstem Raum. Sprachlich, weil die wenigsten sich der anderen Gruppe verständlich machen können. Kulturell, weil oft genug unter Deutschen und EU-Europäer:innen verbreite Fehlurteile gegenüber Insel-Griech:innen und Flüchtlingen herrschen. Psychologisch, weil unter anderem die Ankunft Tausender von Helfer:innen und ihrer Hilfsorganisationen aus der ganzen Welt über die letzten Jahre die soziale Struktur der Insel um die Lager Moria und Kara Tepe fundamental verändert hat.

»Immer wieder erfuhr ich, dass die Zurückgekehrten Schwierigkeiten hatten, den Freunden und Familien das auf Lesbos Erlebte zu schildern. Wie erzählen von der Scham, abends in ein warmes Bett zu kriechen, im Wissen, dass die Migranten zur selben Zeit in ihren Zelten froren?«, schreibt die Psychoanalytikerin Helge-Ulrike Hyams in ihren Reflexionen über zehn Monate als Freiwillige auf Lesbos. Dass viele der jungen Volunteers überfordert sind mit der ihnen anvertrauten Mission, dass sie den Schmerz einschneidender Erfahrungen selten an sich heran lassen, dass auch sie traumatisierende Erfahrungen machen, findet wenig Platz in unserem Bild von Lesbos.

Ich selbst entkomme dem Druck, den der wiederholte Aufenthalt in Moria, Kara Tepe und in Flüchtlingslagern dieser Welt erzeugt, in denen ich unterwegs bin, genauso wenig. Die Zeichnungen in meinem Notiz-Block, die entlang dieses Vorworts abgedruckt sind, legen Zeugnis davon ab. Sie sind ein Mitttel der Verarbeitung des Erlebten. Aber bei Weitem nicht ausreichend. So, wie man den Krieg mit zurück nach Hause bringt, wenn man für längere Zeit in ein Kriegsgebiet geht, so verlassen mich auch die Eindrücke von Moria nicht: Bilder von physischer oder von struktureller Gewalt, die zerstörerisches Potenzial haben. Umgekehrt gibt es aber auch solche, die ungeahnte Potenziale von Dialog und Resilienz beinhalten können. Wer regelmäßig in Konfliktgebiete geht, ahnt die Antwort auf die Frage, warum gerade dort die Ärmsten der Armen uns an Offenheit und Gastfreundschaft mithin überlegen sind.

Ebenso wenig bekannt ist das doppelte Leid vieler Inselbewohner:innen auf Lesbos, die von ihrer eigenen Regierung und der EU ein ums andere Mal alleingelassen werden bei der Bewältigung der Flüchtlingszahlen und ihrer Folgen.

Sie sind nach wie vor Opfer der Finanzkrisen der letzten beiden Jahrzehnte, die Griechenland erschüttert haben. So sehr, dass eine Reihe von ihnen selbst Lesbos verlässt und nach Deutschland oder in die Welt migriert.

Papst Franziskus II. hat bei seinem Besuch auf Lesbos im Jahr 2016 Moria mit einem Konzentrationslager verglichen. Da hatte die extremste Form des Elends das Lager noch nicht erreicht. Die meisten Einheimischen von Lesbos haben das Lager niemals von innen kennengelernt. Die meisten Helfer:innen und Freiwilligen sind viel zu kurz im Einsatz, um sich ein umfassendes Bild der Realität zu machen.

Angestaute Vorurteile, Aggressionen wie Depressionen spielen demnach eine Rolle, wenn es um die Gewalt nach außen wie nach innen geht, die sich auf Lesbos auf verschiedene Weise Bahn gebrochen hat. All dies fördert den Nährboden für alte und neue Konflikte. Anders als in anderen Konfliktgebieten der Welt sind Waffen auf Lesbos abwesend. Der soziale Sprengstoff aber ist durchaus vergleichbar. Neben der Dokumentation und meinen Begegnungen mit Zeitzeug:innen ist dieses Buch ein Angebot zur Reflexion, der Mahnung und der Besinnung auf das, was Europa zusammenhält. Es geht also auch um das Bewahren. Der Band versucht deshalb, Betroffene und Akteure auf Lesbos und in Moria anders abzubilden, als in den Rollen, die ihnen gemeinhin zugewiesen werden.

Nimmt man die Zeitzeug:innen und Dokumente, die hier beispielhaft versammelt sind, ernst, wird klar: Der Fall Moria ist nicht abgeschlossen. Vielmehr verdichtet sich in der Zusammenschau das Bild eines politischen wie auch humanitären Versagens, das im Brand vom 9. September 2020 kulminierte. Dieses Versagen äußert sich in zahlreichen Unterlassungen und ist zugleich Ausdruck eines systematischen Wegschauens.

Im Rückblick zeigt sich: Nicht die wenigen, zum Teil minderjährigen Flüchtlinge, die im Frühjahr und im Sommer 2021 wegen der Brandstiftung in Moria verurteilt wurden, sind verantwortlich, dass Moria zu einem Monster nach Art der schlimmsten Favelas werden konnte. Vielmehr schoben sich griechische und lokale Behörden, europäische Mitgliedstaaten und internationale Organisationen die Verantwortung gegenseitig zu, bis die soziale Explosion unvermeidlich war. Gleichwohl bleibt die Frage: Wieso haben die zuständigen Akteure nicht zeitig auf die Erzählungen der Menschen im Lager und ihre Beschreibungen über das Ausmaß der Gewalt entscheidend reagiert? Moria und die Strukturen, die die Katastrophe möglich gemacht haben, harren deshalb einer politischen wie juristischen Aufarbeitung, wie wissenschaftliche Erkenntnisse zeigen, die am Ende dieses Bandes stehen und die nahtlos an die Begegnungen der Zeitzeug:innen anknüpfen, die uns erzählen.

Nicht zuletzt ist damit auch das Versickern vieler Millionen der insgesamt über 2 Milliarden Euro angesprochen, die im Zuge der EU-Flüchtlingspolitik in den vergangenen Jahren nach Griechenland geflossen sind. Unter normalen Umständen ruft dies Untersuchungsausschüsse, investigative Medien und kritische Wissenschaftler:innen auf den Plan. Im Fall der Katastrophe von Moria und ihrer Aufarbeitung steht dies dagegen aus.

Aktuell stehen sogenannte Push-Backs und die mutmaßlich unterlassene Rettung von Menschenleben im Mittelmeer und unter anderem vor der Küste von Lesbos im Fokus von Politik und Medien, in Deutschland wie in Europa. Dies ist elementar wichtig, weil Seenotrettung zur ersten Menschenpflicht gehört und gelebte Solidarität in Not ist. Die Aufklärung, wie es zur Katastrophe in Moria kommen konnte, darf dahinter aber nicht zurückstehen. Sie ist tatsächlich noch elementarer als die Aufklärung der Push-Backs. Denn in ihr bündelt sich über Jahre hinweg vielfältiges Versagen, das auf europäischem Boden manifest wird. Zugleich wächst damit der Spagat zu unserem eigenen Anpsruch an eine menschlich wie rechtlich belastbare europäische Asyl-Poltik. Erst wenn dies erkannt ist, dürfte der Schritt in eine runderneuerte Asyl- und Flüchtlingspolitik möglich sein.

EU-Türkei-Abkommen

Im März 2016 schloss die EU mit der Türkei eine Vereinbarung mit dem Ziel, die Immigration an ihren Außengrenzen zu reduzieren. Im Kern besagt die Vereinbarung: Die Türkei nimmt jene Flüchtlinge aus Griechenland zurück, die dort kein Asyl erhalten. Für jeden Syrer darunter, der abgelehnt in die Türkei zurückgebracht wird, soll ein anderer Syrer mit Zustimmung der EU in eines ihrer Mitgliedsländer aufgenommen werden. Tatsächlich ist das EU-Türkei-Abkommen höchst umstritten und es gibt zahlreiche Probleme bei seiner Umsetzung. So wurden seit 2016 nur rund 2.700 Menschen (Stand Juni 2021) von Griechenland in die Türkei zurückgeschickt, weil die Asylverfahren lange dauern und die Einstufung der Türkei als sicherer Drittstaat umstritten ist. Die Türkei erhält außerdem sechs Milliarden Euro von der EU für die Integration der Flüchtlinge im eigenen Land, beispielsweise für Schulen, Sozialhilfe und Ausbau der Infrastruktur. Im Juni 2021 hat die EU weitere finanzielle Zusagen an die Türkei gemacht. Im Gespräch ist auch die mögliche Ablösung des alten durch ein neues EU-Türkei-Abkommen. Befürworter des Abkommens sagen, die Situation für Syrer in der Türkei habe sich seitdem deutlich verbessert. Diese Befürworter wie auch Kritiker des Abkommens fürchten zugleich, dass Ankara Kriegsflüchtlinge weiterhin als politisches Druckmittel gegen die EU einsetzt, wie 2020 am Fluss Evros geschehen. Neben mehr als 5 Millionen syrischer Kriegsflüchtlinge hat die Türkei seit 2011 auch hunderttausende weitere Schutzsuchende, vor allem aus Afghanistan und dem Irak, aufgenommen. Das Abkommen hat die Situation auf den fünf EU-Hotspots der Ägäis verschärft. Der 1:1-Mechanismus und der Umstand, dass die Türkei die Genfer Flüchtlingskonvention nicht vorbehaltlos unterzeichnet hat, schwächen das internationale Flüchtlingsrecht und das Anrecht auf individuelle Verfahren. Die EU-Türkei-Vereinbarung ist vertraglich nicht mehr als eine Willenserklärung. Ob sie rechtlich bindend ist, gilt unter Juristen als umstritten. Sie dient aber als Grundlage der EU-Asylpolitik der vergangenen Jahre.

EU-Hotspots

2015 wurden von der EU sogenannte Hotspots an den südlichen Außengrenzen der EU eingerichtet. Auf den griechischen Inseln sind dies neben Lesbos Chios, Samos, Leros und Kos. In Italien sind es Lampedusa, Pozzallo, Taranto/Tarent und Trapani.

Zuständig für diese sogenannten Brennpunkte sind Vertreter der griechischen bzw. der italienischen Grenzbehörden wie auch Mitarbeiter der Europäischen Agentur für die Grenz- und Küstenwache, Frontex, sowie die Europäischen Unterstützungsbüros für Asylfragen, EASO.

Auf den griechischen Hotspots sind für Ankommende im Prinzip zwei Szenarien vorgesehen: Entweder sollen sie im Rahmen des sogenannten EU-Türkei-Deals zurück in die Türkei überstellt werden (was faktisch bislang kaum erfolgt, vgl. EU-Türkei Deal) oder sie stellen einen Asylantrag in Griechenland. In diesem Fall dürfen sie die Insel nicht verlassen, bis der Antrag bearbeitet wurde.

Die Residenzpflicht wurde neu ins griechische Asylrecht eingeführt. Es ist umstritten, ob sie dem Europarecht entspricht.

Quelle: Border Violence Monitoring Network

Push-Backs

Bezeichnen an den EU-Außengrenzen das häufig gewaltsame Zurückdrängen an Land oder auf See durch Frontex oder Grenzpolizeieinheiten.

Während Push-Backs z. B. in Australien gängige Praxis im Umgang mit Bootsflüchtlingen sind, ist dies in Europa rechtlich umstritten. Menschenrechtsorganisationen beklagen regelmäßig Verstöße.

Zurzeit laufen Untersuchungen gegen Frontex.

Border Violence Monitoring Network (BVMN), ein unabhängiges Netzwerk, hat im Juni 2021 in einem Schwarzbuch die Aussagen von rund 900 Zeugen mit über 12.000 Fällen von Push-Backs an den EU-Außengrenzen und im Mittelmeer dokumentiert.
(Vgl. Pushback-Zonen auf der Karte S 19)

Lesbos

Lesbos oder Lesvos ist die drittgrößte Insel Griechenlands mit rund 85.000 Einwohnern. Hauptstadt ist Mytilini (deutsch: Mytilene) mit 38.000 Einwohnern. Die Insel lebt vor allem vom Anbau, Handel und Verkauf ihrer Oliven. Außerdem von der Milch-, Käse- und Ouzo-Produktion sowie vom Fischfang.

In der griechischen Klassik war die Insel ein Zentrum der Dichtkunst und des Denkens, verbunden mit den Namen von Sappho († um 570), Aristoteles (der 345/344 v. Chr. in Mytilini lebte), Theophrastos († 287) und Epikur (geboren auf Samos).

Mit Auflösung des Osmanischen Reichs vor einhundert Jahren wurde die türkischsprachige Bevölkerung auf Lesbos gezwungen, auf die türkische Seite zu migrieren. Umgekehrt wurde die griechischsprachige Bevölkerung in der Türkei gezwungen, auf griechischem Territorium zu siedeln (gewaltsamer Bevölkerungstausch von 1922). So sind viele Familien auf Lesbos selbst von Flucht betroffen und haben bis heute Fluchterinnerungen. Nach dem zweiten Weltkrieg und bis heute migrieren Bewohner von Lesbos nach Deutschland und in die Welt. Grund sind wiederkehrende Wirtschaftskrisen und mangelnde Perspektiven.

Mit der vermehrten Ankunft von Flüchtlingen ab 2015 ist der Tourismus als Haupt-Einnahmequelle weitgehend zum Erliegen gekommen. Die Meerenge zwischen Lesbos und der türkischen Seite ist nur wenige Kilometer breit. Flüchtlinge versuchen hier, oft mit Hilfe von Fluchthelfern, die gefährliche Überquerung mit Schlauchbooten. Lesbos wird heute meist in einem Atemzug mit den Flüchtlingslagern Moria und Kara Tepe genannt, was viele Einheimische als ein Stigma empfinden.

Moria

Das Flüchtlingslager Moria und das gleichnamige Dorf liegen wenige Kilometer außerhalb der Inselhauptstadt Mytilene. Ursprünglich für bis zu 2.800 Personen konzipiert, beherbergte das Aufnahmelager Anfang 2020 vorübergehend bis zu 20.000 Menschen. Es galt damit als Europas größtes Flüchtlingslager, in dem die Insassen unter katastrophalen humanitären Verhältnissen lebten. In der Nacht vom 8. auf den 9. 9. 2020 kam es, griechischen Behörden zufolge, durch Brandstiftung, die mutmaßlich von jungen Lagerbewohnern ausging, zu einem Großbrand. Lager und Habe der Flüchtlinge wurden dabei fast vollständig zerstört. Anderen Versionen zufolge sollen rechte Aktivisten auf Lesbos oder auch Hilfsorganisationen mit in die Brandursache involviert sein. Mehr als 10.000 Menschen wurden vorübergehend obdachlos, bevor sie im provisorischen Lager Kara Tepe untergebracht wurden. Ein Teil der Menschen wurde seitdem auf das griechische Festland gebracht.

Kara Tepe

Das Flüchtlingslager Kara Tepe (türkisch für ›schwarzer Hügel‹) wurde in Folge der Zerstörung von Moria als neues provisorisches Zeltlager auf einem ehemaligen Militärübungsplatz aufgebaut. Unmittelbar am Meer und an einer dem Wind und der Witterung extrem exponierten Stelle, mit entsprechenden gesundheitlichen Folgen für die Menschen. Anfangs fehlte es monatelang an wetterdichten Zelten, Wasser, Duschen, Strom und Gesundheitsvorsorge, trotz Pandemie. Unter Flüchtlingen bekam das Lager rasch den Namen ›Moria 2.‹ Hier lebten Ende September 2020 anfangs 10.000 Menschen, ein knappes Jahr später, im Juli 2021, noch rund 4.500, darunter etwa 40 Prozent Kinder. Unter den Flüchtlingen waren bis zuletzt mehr als 70% Afghanen, daneben Menschen aus Syrien und der DR Kongo als größte Gruppen nach Nationalitäten. Presse und Anwälten wird der Zugang zum Lager Berichten zufolge regelmäßig versagt. Die humanitäre Situation in Kara Tepe ist trotz offizieller EU-Hilfen und privater Spenden nicht weniger gravierend als in Moria. Gegen den Willen der allermeisten Inselbewohner von Lesbos errichten Griechenland und die EU zurzeit ein neues Lager auf Lesbos, tief im Inneren der Insel und abseits bewohnter Infrastrukturen. Dort sollen bis Ende 2022 bis zu 5.000 Menschen Platz finden. Es soll dann verbesserte und schnellere Aufnahmeverfahren geben, gemäß des neuen EU-Migrationspakts. Kritiker befürchten ein noch abgeschirmteres Lager mit enormen Sicherheitsvorkehrungen, umgeben von Zäunen und Mauern, wie anderswo in griechischen Lagern, sowie eine weitere Entkernung des Asyl- und Flüchtlingsrechts. Die offizielle Bezeichnung der Behörden für Kara Tepe ist RIC (Reception and Identification Center), RIC Lesvos oder Mavrovouni. Neben dem aktuellen Lager bestand jahrelang ein weiteres Flüchtlingslager mit Namen Kara Tepe, das, anders als Moria, kommunal geführt wurde. Es wurde Ende 2020 unter Protest geschlossen.

LESBOS
Prolog in Bildern

Wenige Seemeilen trennen die türkische Seite von Lesbos, dem vermeintlich rettenden Ufer

Winter 2018 in Moria

Schneiderei Ayasos, Lesbos

Einen Migranten kann man erst verstehen, wenn man seine Geschichte gehört hat.

Gazmend Kapplani

Viele der Stimmlosen erzählen eigentlich die ganze Zeit. Sie sind laut, wenn du ihnen nur nah genug kommst, um sie zu hören, wenn du fähig bist zuzuhören und wenn du das spürst, was du nicht hören kannst.

Viet Thanh Nguyen

Unaufhörlich ist das Hin-und Her der Menschheit.

Seneca

DIE EINHEIMISCHEN

»Ich bewundere den Mut dieser Menschen, die hier als Flüchtlinge ankommen.«

Christina Chatzidaki, Stratis Pallis und Yannis Pavlis sind alle drei Mitglieder des griechischen Vereins Siniparxi, auf Deutsch: ›Koexistenz‹. Der Verein leistet seit Anfang der 1990er Jahre Flüchtlingshilfe auf Lesbos. Er ist außerdem Anlaufpunkt für eine Reihe internationaler Initiativen, die ihre Projekt-Ideen auf Lesbos sinnvoll an ihr Ziel bringen möchten. An der Spitze von Siniparxi steht Stratis Pallis, ein ehemaliger Bürgermeister von Mytilene. Die Mitglieder des Vereins sind auf Lesbos gesellschaftlich gut vernetzt und genießen Vertrauen. Das macht den Verein, der nur über verhältnismäßig kleine Spendeneinkünfte verfügt – neben dem unschätzbaren Kapital der Erfahrung – zu einem respektierten Akteur. Im Nordosten der Insel, bei Palios sehen die Vereinsmitglieder von Siniparxi regelmäßig Flüchtlingsboote, die versuchen, an Land zu kommen. Neben der Landung von Booten, die die Insel erreichen, versucht Siniparxi Push-Backs zu dokumentieren, durch die Anlegemanöver verhindert werden und wurden.

August 2020:

Christina Chatzidaki:
»Dies sind die Überreste des Bootes, das gestern hier angekommen ist. Alles ist in Tausend Teile zerstreut. Der Motor, die Armaturen ... Das meiste ist bereits verschwunden. Nur die Gummi-Haut des Bootes und einige Seenot-Rettungswesten sieht man noch.«

Stratis Pallis:
»Es waren ungefähr 30 Menschen an Bord. Die Küstenwache war offenbar überrascht. Dann hörten wir einen Hubschrauber. Er umflog das Boot, als es gerade Land erreicht hatte. Erst dann war die Küstenwache zu sehen. Da waren die ersten Menschen schon dabei, landeinwärts zu gehen. Sie hatten Angst, dass man sie direkt auf die türkische Seite zurückschickt.«

Augenzeugen von Push-Backs auf See und an Land

Christina Chatzidaki:
»Als uns das Boot mit den Flüchtlingen auffiel, wunderten wir uns: Keine Grenzschützer in Sicht! Das ist ungewöhnlich. Schlepper-Mafias sind hier in der Meerenge ein Riesen-Geschäft. Es ist gut möglich, dass sie bei Abfahrt auf der türkischen Seite eine helfende Hand hatten. Jemanden hier auf der Insel zum Beispiel. Entweder Griechen oder Ausländer. Oder Flüchtlinge. Auch von ihnen sind einige involviert. Schlepper-Mafias sind da, wo Geld ist. Menschenhandel gehört zu den drei einträglichsten Geldgeschäften der Welt. Neben Prostitution und Drogenhandel. Dieses Boot hier kam gestern an. Ein zweitens hat heute versucht, das Land zu erreichen. Wir haben es mit eigenen Augen gesehen. Keiner der Menschen trug eine Rettungsweste. Es waren Afrikaner an Bord, soweit wir das erkennen konnten. Sie kamen bis auf hundert Meter ans Ufer ran. Dann tauchte die Küstenwache auf. Männer, allesamt schwarz maskiert. Sie haben das Boot an ihres gebunden und es wieder zurück aufs Meer gezogen. Keiner hat sich gewehrt. Dann bewegte sich das Boot nicht mehr. Entweder haben sie die Treibstoffzufuhr unterbrochen oder den Motor im Wasser versenkt, um es fahruntüchtig zu machen. Das geschieht immer wieder. Das Boot driftete. Irgendwann tauchte ein türkisches Boot auf und hat sie mitgenommen. Das war ein klares Push-Back.«

Stratis Pallis:
»Meistens finden die Push-Backs im Meer statt. Es gibt aber auch Push-Backs auf dem Land, also wenn die Flüchtlinge bereits den Boden von Lesbos betreten haben. Die Behörden leugnen, dass es Push-Backs gibt. Aber aufgrund von Smartphone-Aufnahmen durch Betroffene an Bord haben wir eine Reihe von Videos als Belege. Es gibt Organisationen, auch deutsche, die über die Ägäis-Inseln verteilt sind und Informationen über solche Zwischenfälle sammeln und weitergeben.«

Erste Flüchtlinge aus dem ehemaligen Ostblock

Yannis Pavlis:
»Seit 2000 kommen regelmäßig Flüchtlinge. Anfangs nicht sehr viele. Die Polizei von Lesbos steckte sie in Gefängniszellen. Sie bekamen dort weder Verpflegung noch Hilfe. Einige Beamte meinten: Sollen wir etwa ihr Essen zahlen? Andere hatten Mitleid. Damals fingen wir bei Siniparxi als Verein an, Flüchtlingen zu helfen.«

Stratis Pallis:
»Die erste Welle von Flüchtlingen kam aus Osteuropa. Oft waren es Albaner. Das war unsere erste Erfahrung mit Migration Anfang der 90er Jahre. Nach dem Kollaps des Ostblocks und der Sowjetunion kamen auch Ukrainer, Russen, Menschen aus Bulgarien und der gesamten Region der ehemaligen Sowjet-Republiken. Lesbos war damals noch kein Touristen-Magnet. Tourismus kam erst an dritter Stelle. Lesbos lebte und lebt bis heute an erster und an zweiter Stelle von seiner Landwirtschaft. Von Olivenöl und von Milch.«

Blick von Palios auf die türkische Seite

Reste eines Schlauchboots nach Landung bei Palios

Fluchterfahrungen mit der eigenen Familie

Christina Chatzidaki:
»Viele von uns bei Siniparxi stammen von Familien aus Kleinasien ab. Ihre Groß- und Urgroßeltern wurden mit dem Bevölkerungsaustausch von 1922 zwischen der Türkei und Griechenland zu Flüchtlingen. Deshalb haben diese Familien vielen Flüchtlingen geholfen, die 2015 hier ankamen. Denn sie erinnerten sich: Das ist genau die Route, die auch unsere Großeltern damals gekommen sind. Als ab 2015 klar wurde, dass viele Flüchtlinge länger auf Lesbos bleiben würden, änderte sich die Haltung der Menschen. Die Meinungen zum Lager Moria und jetzt zu Kara Tepe sind gespalten. Einige profitieren von den Flüchtlingen.

Sie vermieten ihre Felder, Grundstücke oder Lagerräume an NGOs, andere ihre Häuser und Apartments. Nicht nur in Moria, Panagiouda oder Pamfila. Dort werden Wohnungen, die normalerweise kein Tourist mieten würde, jetzt an NGOs vermietet, zu sehr hohen Preisen. Zugleich fehlt auf Lesbos ein Programm zur Integration der Flüchtlinge. Dabei könnten die Angekommenen nützlich sein: zum Beispiel beim Aufbau des neuen Lagers oder bei der Olivenernte. Viele der Albaner, die Anfang der 90er Jahre gekommen sind, zeigen uns das. Viele ihrer Kinder gehen mittlerweile in zweiter Generation auf Hochschulen und Universitäten. Die aktuelle Neo-Demokratia Regierung und die lokalen Behörden verstehen nicht, warum man endlich anfangen muss, die Menschen zu integrieren.

Das funktioniert am besten, wenn sie mit lokaler Kultur und Geschichte und mit den Menschen hier in Kontakt kommen.«

Stratis Pallis:
»Siniparxi ist ursprünglich ein Verein für türkisch-griechische Nachbarschaft und Koexistenz. Wir setzen uns für bessere soziale Beziehungen zwischen türkischen und griechischen Bevölkerungsteilen auf Lesbos ein, ganz im Gegensatz zur offiziellen Politik. Wir möchten der herrschenden Ideologie etwas entgegensetzen. Neben den Flüchtlingen pflegen wir deshalb den griechisch-türkischen Grenz-Austausch von Menschen und Kulturen auf lokaler Ebene.«

Christina Chatzidaki:
»Wir verstehen uns als Brücke zu den internationalen Hilfsorganisationen auf Lesbos. Mit einigen arbeiten wir zusammen. Das verbreitete Bild der aktuellen griechischen Regierung über ausländische NGOS ist überwiegend feindlich. So als seien sie alle kriminell, würden Flüchtlinge auf die Insel schleusen, Spenden einstreichen und sich bereichern. Unser Bild von den NGOs ist: einige sind sehr hilfreich. Ohne sie auf der Insel wäre es deutlich schwerer. Ich spreche von einigen der ernsteren und größeren Akteure. Es gibt auch weniger hilfreiche, aber es ist Aufgabe der Regierung, das zu überprüfen, was bislang nicht geschieht. Stattdessen verbreiten sie Feindbilder, die bereitwillig aufgenommen werden und mit Ängsten spielen. Aber wie ein bekannter Wissenschaftler sagte: Wenn Migration ein Problem wäre, würde es eine Lösung haben. Aber es ist ein Phänomen. Und deshalb braucht es ein gutes Management für das Phänomen Migration. Daran mangelt es.«

Stratis Pallis:
»Es braucht kein permanentes Flüchtlingslager auf Lesbos. Man braucht einen Ort zur Registrierung der Flüchtlinge. Die Feststellung der Asylverfahren kann und muss auf dem Festland erfolgen. Es ist nicht in Ordnung, wenn Lesbos dafür missbraucht wird. Ein neues Lager zur Registrierung auf Lesbos sollte höchstens 2.000 Menschen beherbergen, die für maximal 3-6 Wochen auf der Insel bleiben, bevor sie auf das Festland können. Nirgendwo steht geschrieben, dass diese Menschen ewig auf den Ägäis-Inseln bleiben müssen. Griechenland ist groß. Und Europa ist viel größer.«

Christina Chatzidaki:
»Migration nach Lesbos und in die Ägäis wird so schnell nicht aufhören. Die Verfahren dauern aktuell einfach viel zu lang. Umgekehrt bergen zu schnelle Asyl-Verfahren das Risiko unfairer Verfahren. Und zu schnelle Asylverfahren enden in der Regel mit Ablehnung. Tempo geht also auf Kosten von Gründlichkeit.«

Stratis Pallis:
»Ich bewundere den Mut dieser Menschen, die hier als Flüchtlinge ankommen. Ich habe mich immer wieder gefragt: Wie lange kann ein Mensch es in Moria oder Kara Tepe aushalten? Im Winter bei Kälte, im Sommer bei erdrückender Hitze, ohne Schutz vor der gnadenlosen Sonne? Diese Menschen geben mir die Energie, nicht aufzugeben.«

Yannis Pavlis von Siniparxi bei einem der seltenen Ausflüge
für unbegleitete Minderjährige aus Moria

Das Meer hinter sich gelassen. Mutter mit Sohn, Moria

DIE FLÜCHTLINGE
»Statt Sicherheit treffen wir erneut auf Unruhe, die traumatisiert«

2015, auf dem Höhepunkt der Ankunft von Schutzsuchenden, bildeten Syrer und Iraker die Mehrheit der Menschen im Flüchtlingslager Moria. Spätestens mit dem Jahr 2018 hat sich dies geändert. Seitdem bilden Afghanen regelmäßig mehr als 70 bis 75 Prozent der Lagerbewohner. Syrer, Iraker und Kongolesen machen dagegen jeweils weniger als zehn Prozent aus. Diese Verhältnisse bleiben nicht ohne Auswirkung auf die Menschen im Camp, wie die hier dokumentierten Gespräche aus der Zeit vor und nach der Brandnacht zeigen. Sie machen Spannungen zwischen den verschiedenen Nationalitäten deutlich, aber auch inmitten verschiedener Ethnien aus ein und demselben Land. Die Abwesenheit eines Systems der geordneten Vorsorge, Sicherheit und humanitären Versorgung korrespondiert dabei mit ansteigender Gewalt und hat ihrerseits System. Außerdem führte die zunehmende Isolierung des Lagers aufgrund der Pandemie zu einem Gefühl zunehmenden Eingesperrtseins unter den Menschen. Schon unmittelbar vor der Pandemie enstanden in Moria eine Reihe informeller Schulen von Flüchtlingen für Flüchtlinge. Hier unterrichteten Schutzsuchende Tausende anderer Lagerbewohner. Als Beispiel steht die Wave of Hope School for Future, über die ich weiter unten berichte. Ein Teil meiner Begegnungen in Moria fand im Freien statt und der Situation geschuldet gelegentlich ohne Namensnennung. Die Menschen, auf die ich traf, wirkten oft ebenso freundlich wie gestresst und ausgezehrt.

Afghanin, August 2020, Lager Moria:
»Afghanen, Araber und Schwarze streiten untereinander. Frauen werden vergewaltigt und immer wieder belästigt. Wir haben den ganzen Winter unter den Olivenbäumen im Wald gelitten, gefroren bis auf die Knochen. Und Feuer gemacht, weil uns so kalt war. Vor lauter Rauch ist uns ein ums andere Mal schlecht geworden.«

»Die EU gibt das Geld für dieses Lager. Aber Griechenland macht nichts daraus. Es wird nichts für uns Flüchtlinge ausgegeben. Für jeden von uns bekommen sie mindestens 100 oder 200 Euro jede Woche. Sie profitieren von uns Flüchtlingen. Europas Geld – aber die Griechen geben nichts an uns weiter.«

Zwei Wochen nach der Brandnacht finde ich am Fuß des in Asche liegenden Lagers Moria eine Gruppe aus sechs Syrern vor, die um einen kleinen Gaskocher sitzen. Sie bereiten Essen zu. Abgekämpfte Gesichter.

Syrer, vor den Toren des abgebrannten Lagers Moria, September 2020:
»Wir kommen eben zurück aus dem neuen Lager Kara Tepe. Dort gibt es kein freies Zelt für uns. Wir sind deshalb nach Moria zurückgegangen. Wir versuchen, uns aus alten Metallteilen ein eigenes Zelt zu bauen. Das wollen wir dann den Berg heruntertragen, ins neue Lager. Zurzeit schlafen wir auf der Straße.«

»Der Brand in Moria war ein Segen für uns Araber. Wir sind eine Minderheit im Lager. Unter den Afghanen gab es viele Kriminelle. Und Griechenland nimmt sie in Schutz. Von den Afghanen im Lager sind einige mit dem Messer auf uns losgegangen und in unsere Zelte eingedrungen. Sie haben Taschen mitgenommen, Handys. Wenn du zur Polizei gegangen bist, haben sie dich bei eben diesen Tätern verraten, so dass am nächsten Tag manchmal die gleichen wiederkamen und versuchten, dich mit dem Messer abzustechen.«

»Warum das Alles? Liebes Griechenland! Jeder von uns hat verbriefte Rechte. Als Flüchtling bin ich vor Krieg und Massenmord geflohen. Gebt mir endlich mein Recht zurück! Wenn du mich nicht willst – schieb mich ab. Oder weise mich aus. Aber steck mich nicht zusammen mit diesen Kriminellen! Denn so machst du mich auch zu einem Kriminellen. Aber wäre ich einer, wäre ich beim IS oder bei Al Nusra in Syrien geblieben. Stattdessen bin ich vor dem Krieg geflohen.«

»Im zweiten Weltkrieg haben sich mehrere Tausend Griechen nach Syrien gerettet. Man hat sie in Syrien gut aufgenommen. Es hat ihnen an nichts gefehlt. Sie haben eine Unterkunft bekommen, keine Zelte. Dass wir hier in Zelten leben müssen … meinetwegen. Aber wir wollen nicht wie Hunde auf der Straße schlafen.«

Afghanische Musik, Dutzende von Tandoor-Backöfen als riesige Erdlöcher, in denen Brot wie in Kabul gebacken wird. Frisör-Buden. Selbstgeschaffene Notstrukturen: Moria war seit 2018 zugleich ein sich kreativ-subversiv gebärdender Slum, den der Krieg am Hindukusch kurz vor dem Balkan wieder ausgespuckt hatte.

Siddiqa Hosseini, Moria, August 2020:
»Meine Tochter ist 13 Jahre alt. Sie hat bereits drei Selbstmordversuche unternommen. Nun soll sie Medikamente nehmen, sagt der Arzt. Sie hat versucht, sich mit den Tabletten umzubringen. Mehrere Male war sie im Krankenhaus. Es gibt Jugendliche und junge Erwachsene im Lager, die meine Tochter belästigen, sie aufziehen. Sobald sie aus der Unterkunft geht, wird sie ausgelacht, gestoßen, bekommt Schläge ab. Manche Mädchen schlagen zurück.«

»Meine Tochter möchte frei aufwachsen. Wenn sie eine Bluse trägt, die etwas Haut zeigt, wird sie sofort belästigt. Die Männer sagen dann: Wie kann man seine Tochter so rumlaufen lassen! Schämt euch. Wir werden ständig beobachtet. Wir sind jetzt acht Monate hier. Ich muss immer auf meine Tochter aufpassen und kann sie keinen Moment alleine lassen. Selbst zur Toilette muss ich sie begleiten. Afghanistan haben wir verlassen, weil wir Sicherheit suchten. Das Gegenteil haben wir gefunden. Ich finde hier keinen Schlaf.«

Khawsar Karimi, September 2020, Kara Tepe:
»Mein Name ist Khawsar. Mein Nachname Karimi. Ich bin 10 Jahre alt. Ich komme aus Afghanistan. Meine Lieblingsfarbe ist blau. Ich möchte nach Deutschland.«

»Ich habe Albträume vom Feuer. Als wir aus Moria flüchten mussten, loderten riesige Flammen ganz dicht an unserem Zelt. Wenn ich jetzt nachts schlafe, schrecke ich immer wieder aus meinen Träumen hoch. Ich weine. Meiner Mutter erzähle ich nie etwas von meinem Albtraum und dass ich weine. Ich schäme mich dafür. Im neuen Lager Kara Tepe ist mir nachts kalt. Das Zelt flattert im Wind. Ich friere ständig. Und wenn ich einschlafe, träume ich sehr schlecht.«

»In Moria habe ich eine der Schulen von Flüchtlingen für Flüchtlinge besucht. Wir hatten Deutschunterricht dort. Aber ich habe Englisch gewählt. Damit kommt man weiter. Ich möchte, dass endlich Frieden ist. Dass es keine Diebe mehr gibt. Ich wünsche mir ein eigenes Zimmer, um zu lernen.«

Die Mutter von Khawsar Karimi, Kara Tepe, September 2020:
»Die Brandnacht war fürchterlich. Ich hatte riesige Angst um die Kinder. Aus der Richtung, in die wir gerannt sind, schoss die Polizei mit Tränengas. In Richtung Wald konnten wir auch nicht laufen. Hinter uns war das brennende Lager. Die Kinder haben nur geweint. All unser spärliches Hab und Gut haben wir verloren. Ich konnte nichts mitnehmen.«

Afghanin, Lager Kara Tepe, September 2020, nach dem Feuer:
»Nach dem Brand in Moria waren wir tagelang gezwungen, auf der Straße zu leben, die hinunter zum Meer führt. Wir hatten alles verloren. Als die Polizei uns aufforderte, unseren Schlafplatz auf der Straße zu verlassen, haben sie einige von uns geschlagen. Vor allem Männer wurden geschlagen. Es musste schnell gehen. Sie haben unser Hab und Gut mit Fußtritten traktiert. Dass wir am Straßenrand schlafen mussten, im Dreck, ist eine traumatisierende Erfahrung gewesen.«

»Ich bin im Iran groß geworden. Ich konnte dort nicht zur Schule gehen als Afghanin. Ich bin mit meiner kleinen Tochter hierher geflüchtet. Sie ist erst drei Jahre alt. Ich möchte ihr ein besseres Leben bieten, als ich es dort hatte. Im Iran sagt man, Frauen seien das schwache Geschlecht. Ich bin nach Europa aufgebrochen, damit meine Tochter hier lernen und studieren kann. Und weil Frauen in Europa nicht als schwach und unnütz gelten.«

Die eigenen vier Wände, Moria

Ein Mann und eine Frau hocken am Boden. Zwischen einem nackten Stein haben sie dünne Äste zum Brennen gebracht, darüber eine Pfanne, in der Öl und wenige Zutaten schwimmen. In Sichtweite der beiden befindet sich die Schlange für die ›offizielle‹ Lebensmittelverteilung, die seit Jahren Kritik und Proteste auf sich zieht. Die Essenspakete sind unverändert allein auf Griechisch beschriftet. Kaum eine Person im Lager kann also nachvollziehen, was genau sie zu sich nimmt. Das ist u.a. aus Glaubensgründen problematisch. Daneben deutet es auf mangelnde Bereitschaft zu Dialog und Aufklärung hin.

Lagerbewohner, Kara Tepe, beim Kochen, September 2020
»Gestern habe ich ab ein Uhr mittags in der Essensschlange gestanden, damit wir etwas abbekämen. Nach drei Stunden Warten gab es zwei Äpfel, zwei Tomaten und vier Brotfladen. Für zehn Leute! Nicht einmal einen Brotfladen pro Person! Das Essen für den ganzen Tag bekommen wir immer erst nachmittags um 16 Uhr. Einige haben etwas bekommen, andere nicht. Es ist Glückssache. Es scheint hier keinen Plan zu geben. Das Holz zum Kochen haben wir oben vom Hügel geholt. Es ist eigentlich verboten, Feuer zu machen, wegen der Brandgefahr. Wenn die Polizei kommt, müssen wir alles wegräumen. Das Gemüse und den Rest essen wir dann zum Teil noch roh.«

Azim Malekzada, Kara Tepe, Anfang Dezember 2020
»Jetzt, im zweiten Lockdown, dürfen wir drei bis vier Stunden heraus zum Einkaufen. Und dann schnell wieder zurück. Warmes Wasser haben wir nicht. Duschen auch nicht. Frauen und Kinder müssen sich mit kaltem Wasser waschen, und ihre Klamotten waschen sie im Meer. Die Jungen und wir können durchhalten. Aber was wird mit den Frauen und Kindern? Ich kenne viele, die sind richtig krank mittlerweile. In einem Monat ist Winter. Und dann?«

Vor und nach dem Brand erteilten griechische Behörden einer Anzahl von Schutzsuchenden positive Asylbescheide. Täglich bildeten sich so zwischen Juli und September 2020 kleine Schlangen am Hafen von Mytilene, von wo die großen Passagierdampfer nach Athen abfahren.

Iranerin aus dem Lager Moria, am Hafen von Lesbos, vor der Abfahrt nach Athen, Juli 2020
»Ich stehe heute hier am Hafentor von Mytilene, weil ich abreisen darf und einen positiven Asylbescheid bekommen habe. Aber ich empfinde keine Freude oder Erleichterung. Im Lager Moria hat man mir gesagt, ich soll mich beeilen und mit dem Dampfer nach Athen fahren. Vor 10 Tagen war das. Da hat man aber auch das Geld gestoppt, das ich bisher als Flüchtling bekommen habe. Für Athen habe ich weder Geld noch eine Aussicht auf Arbeit. In Moria hat man uns wie Gefangene gehalten und behandelt. Und jetzt Athen. Was sollen, was können wir in dieser Großstadt machen? Ich spreche kein Griechisch. Wie soll ich Arbeit finden? Wovon soll ich leben?«

Als ich Moria zum ersten Mal nach dem Brand betrete, ist der Eingang des eingezäunten Teils des Lagers unverändert mit meterhohem Stacheldrahtzaun umgeben. Zu meiner Verwunderung ist das Tor unbewacht. Vor dem Brand waren hier die zentralen Organe untergebracht: Lagerleitung, UNHCR, Europäische Asylbehörde und einge NGOs jeweils mit ihren Büros. Am Boden wehen mir jetzt Papiere entgegen. Ein Blätterwald, als hätte eben eine Granate eingeschlagen. Bei näherem Hinsehen erkenne ich Kopien von Passdokumenten. Gesichter von Palästinensern, Afghanen, Kongolesen. Auch nach dem Brand erscheinen ihre Identitäten offenbar niemandem schützenswert.

Quarantäne-Bereich für positive getestete Corona-Fälle im Lager Kara Tepe
Ungesicherte Passdokumente nach dem Brand im Lager Moria

Selbstorganisation der Flüchtlinge:
Die Moria White Helmets

Raeed al Obaid
Die Moria White Helmets haben sich im März 2020 gegründet, als eine von mehreren Gruppen der Selbsthilfe im Lager. Ihr Sprecher, Raeed al Obaid, ist ein wichtiger Anlaufpunkt, wenn es um die Vermittlung zwischen Lagerinsassen und Behörden bzw. Hilfsorganisationen geht. Er genießt das Vertrauen der Arabischsprachigen im Lager. Mit Anfang 40 hat er im Lager Moria die Geburt seines ersten Enkels erlebt. Ruhe für eines der seltenen längeren Gespräche in seinem hektischen Alltag, in dem er unermüdlich gefragt ist und sich engagiert, finden wir abseits des Lagers auf einer Bank. Mytilene, September 2020

Wie geht es im neuen provisorischen Kara Tepe nach den ersten Tagen?

»Ich bin einer der Sprecher der arabischen und der syrischen Minderheiten im Lager, in Moria und jetzt in Kara Tepe. Ich leite die Moria White Helmets. Wir sind eine Gruppe ehrenamtlich arbeitender Flüchtlinge. Wir arbeiten hart. Gestern haben wir im abgebrannten Lager Moria das Flussbett gereinigt vom Müll, der nach dem Brand dort liegt. Die White Helmets reinigen und sammeln Müll im und um das Lager in Absprache mit der Stadt Mytilene seit Beginn der Corona-Pandemie. Wir sehen es als unsere Aufgabe, den Müll, den wir produzieren, auch zu entsorgen. Im alten wie im neuen Lager. Unsere Kollegen vom Moria Corona Awareness Team tun das Gleiche. Sie klären über Corona auf und halten auch alles sauber, so gut es geht.«

»Ich bin seit dem 9. September 2019 auf Lesbos. Das Wichtigste für alle Menschen im neuen Lager Kara Tepe sind die Asylanträge jener Menschen, die bereits einen Asylantrag gestellt haben bzw. deren Antrag einmal abgelehnt worden ist. Wir wollen von der Lagerleitung wissen: Was passiert mit ihnen? Auch mit jenen Flüchtlingen, die aus dem Gefängnis, das es im Lager Moria gab, freigekommen sind infolge des Brandes.«

Kriminelle aus dem Lager laufen jetzt frei herum

»Wir hatten vor zwei Tagen ein Treffen mit den Verantwortlichen der Polizei und für die Sicherheit im neuen Lager Kara Tepe. Der Polizeichef meinte, sie wollten jetzt dauerhaft mindestens 100 Beamte einsetzen und sich um unsere Sicherheit kümmern. 24 Stunden am Tag. Jeden, den sie mit einem Kampfmesser fänden, sagt er, würden sie direkt ausweisen. Das ist ihr Versprechen. Warten wir ab. Es gab gleich zu Beginn auch im neuen Lager Gewalt. Menschen aus dem Gefängnis-Trakt in Moria laufen erneut frei unter uns herum, auch in der Stadt. Ich rede von etwa 30 Algeriern. Man begegnet ihnen jetzt in Mytilene. Sie laufen unter anderem auf dem zentralen Sappho Platz herum, konsumieren dort Drogen und Alkohol. Sie sind eine Art Mafia. Die Polizei weiß das. Ich habe die Verantwortlichen darauf angesprochen. Der Polizeichef sagte mir: ›Wir haben sie unter Beobachtung. Wir bringen sie zurück, wenn nötig.‹ Ich mache mir Sorgen wegen des neuen Lagers: Wenn sich dort nichts ändert, erleben wir erneut ein grausames Ende. Sie fragen mich nach Mafias: Es gab Drogen-Dealer im Lager Moria. Die Polizei weiß das natürlich. Ich frage Sie: Wie sind all diese Drogen ins Lager gekommen? Sogar in den Gefängnis-Trakt? Ganz sicher spielen Bewohner auf Lesbos dabei eine Rolle. Aber keiner redet darüber. Warum bleibt das ein Tabu?«

Menschen starben, ohne dass davon die Öffentlichkeit Notiz nahm

»Wir haben viele Bewohner durch Gewalt und Mord verloren in Moria. Es gab immer wieder extreme Gewalt. Vor allem Afrikaner haben darunter gelitten. Aber es hat keinen interessiert. Es sind Menschen gestorben durch die Hand anderer Lagerinsassen, ohne dass die Öffentlichkeit Notiz davon genommen hat. In Moria gab es kein ernsthaftes Bemühen um Sicherheit von Seiten der griechischen wie der europäischen Behörden. Jeden Tag wurde gestohlen: Handys, Papiere, Geld, vor allem nachts. Meistens waren die Täter Afghanen.«

»Wenn du zur Polizei gegangen bist, haben sie nur abgewunken und gesagt, sie könnten nichts tun, z. B. mit dem Argument, die Person sei minderjährig. Dabei waren sowohl Gewalt als auch das Versagen der Polizei ein offenes Geheimnis.«

Raed al Obeed mit Enkelkind, das auf Lesbos zur Welt kam, Moria

»In diesem Elend habe ich, haben wir jahrelang gelebt. Im neuen Lager sind wir in über 1.000 Zelten untergebracht. Wir leben noch enger aneinander als zuvor. Ein Sicherheitsrisiko. Es ist windig. Der Winter kommt. Was ist, wenn erneut Feuer ausbricht? Im Fall eines Feuers gibt es null Sicherheit. Ich war in Syrien für die Sicherheit in Unternehmen zuständig. Die Zelte müssten eigentlich vier Meter Sicherheitsabstand zueinander haben. Aber es liegt gerade einmal ein Meter zwischen ihnen. Was ist, wenn der erste große Regen kommt? Die Leute waschen sich im Meer. Was ist mit den Frauen? Sie können dort nicht baden, sich nicht waschen.«

Ein neues Lager wäre ein Messer in unserer Brust

»Angeblich nimmt Deutschland 1.500 Menschen auf. Da lachen die Leute hier drüber. Sie halten es für eine Lüge. Für ein Gerücht. Beruhigungspillen. Wenn ihr helfen wollt, handelt: Evakuiert die Menschen von hier, unmittelbar. Wir hängen hier seit langem fest. 700 bis 800 Syrer. 1.000 Afrikaner. 10.000 Afghanen. Wir appellieren an euch, denn wir können nicht mehr. Ich höre, es soll ein neues Lager geben. In wenigen Monaten. Für vier- bis fünftausend Menschen. Das wäre wie ein weiteres Messer in unserer Brust. Wir sind am Ende unserer Kräfte. Wir warten. Wir wollen hier nicht sterben! Dies ist ein S.O.S. an Europa von den Weißhelmen. Rettet uns! Sonst sterben wir hier. Jeden Tag.«

Bernard Matuta, DR Kongo, August 2020, Mytilene
»Zwei meiner Freunde sind in Moria erstochen worden. Einer vergangene Woche. Es gab vier Opfer dabei, die ich alle kannte. Einige wurden schwerverletzt ins Krankenhaus gebracht. Ein anderer enger Freund, Yannick, wurde in der Neujahrsnacht 2020 erstochen. Die Lage verschlimmert sich zusehends. Die Polizei sagt, sie seien zu wenige, um unter 10.000 Menschen für Sicherheit zu sorgen. Es ist schwer für mich, das zu schlucken: Europa, gilt als fortschrittlich. Wieso muss ein Mensch hier wegen eines geklauten Handys sein Leben verlieren? Die jungen Täter suchen Geld für Drogen, Alkohol und Härteres. Und klauen dir so dein Handy. Für 10 Euro wird im Lager getötet, wenn du dein Handy nicht hergibst. Wie im Krieg. Aber die Polizei schreitet nicht ein. Zweimal hat man mir so alles geklaut. Ich habe Anzeige erstattet dann bei der Polizei in Mytilene. Es hieß: Du bekommst deine Sachen zurück. Aber nichts ist passiert. Es gibt so viele Messerstechereien, soviel Blut zuletzt. Wir Afrikaner im Lager versuchen zusammenzustehen. Um mich abzulenken, lerne ich ein wenig Englisch und Griechisch hier am Strand. Im Lager kann ich nachts nicht schlafen.«

Virulent wurden diese lager-internen Spannungen erneut im Juni 2021, als das Urteil gegen die mutmaßlichen Brandstifter des Feuers vom 8./9. September in Moria erging. Der Zeuge der Anklage, ein Paschtune, auf den sich die griechische Anklage berief, gehört einer afghanischen Volksgruppe an, die sich über längere Zeit gewaltsame Auseinandersetzungen mit der ethnischen Gruppe der Hazara geliefert hatte. Während der Verhandlung gegen die mutmaßlichen Brandstifter wurden diese Konflikte jedoch von der Anklage vollkommen ausgeblendet und vom Gericht nicht berücksichtigt: Laut Staatsanwaltschaft gibt es innerhalb Griechenlands keine Konflikte zwischen Flüchtlingen, so die offizielle Version.

Bernard Matuta an der Pier von Mytilene, und sein Englisch-Lernbuch

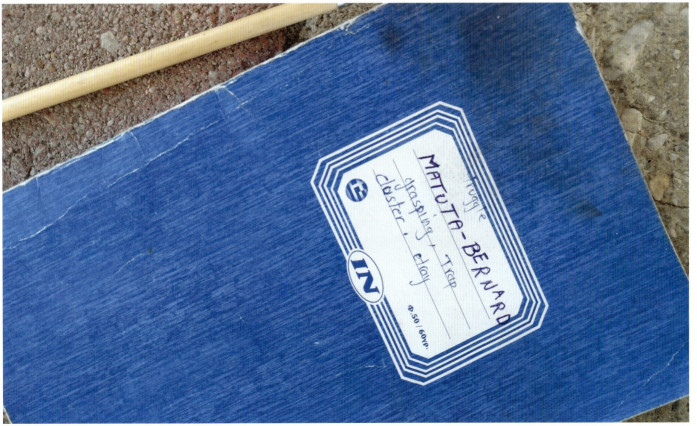

Frederike Drössler in den Trümmern von Moria
und dem Standort der Schule, wo sie zuvor unterrichtet hatte

HELFER:INNEN UND FREIWILLIGE
»Hilfsorganisationen sollen helfen, aber ganz viel dreht sich um das Geld«

Frederike Drössler
freiwillige Helferin und diplomierte Sozialpädagogin ist eine von vielen, die aus der ganzen Welt nach Lesbos kommen. 2020 war sie zum ersten Mal auf Lesbos. Im Lager Moria war sie für mehrere Organisationen tätig. Das folgende Kapitel fasst mehrere Gespräche und Begegnungen in den Wochen vor und nach dem Brand in Moria zusammen. Manche davon im Auto, was sich zwischen Frederikes vielen Einsätzen als eine Möglichkeit des sinnvollen Austauschs erwies.

»In der Nacht nach dem Feuer, waren alle Lagerbewohner auf der Straße. Wir durften nicht zu ihnen, offiziell. Die Menschen waren wie eingekesselt von Polizei in einem Bereich von ungefähr 800 Metern auf der Landstraße. Wir haben dann Schleichwege gefunden durch das umliegende Gebirge. Einheimische haben uns die Wege gezeigt. So konnten wir knapp 100 Menschen mit Essen versorgen pro Tag. Ganz simpel: Brot, Wasser. Und dabei haben uns Lehrer von den Schulen im Camp geholfen. Wir haben Unmengen von Rucksäcken gekauft und die vollgepackt mit Essen, um sie rein zu schmuggeln.«

Du hast gesagt, man riskiert jetzt etwas, wenn man so etwas tut?

»Ja. Man muss jetzt Bußgeld zahlen, wenn man Flüchtlingen auf der Straße Essen gibt. Seit drei Tagen ungefähr. Wir haben uns dafür entschieden, es trotzdem zu tun: Das Bußgeld liegt angeblich bei circa 250 Euro. Wir schmuggeln trotzdem weiter Essen.«

Angst vor Übergriffen

»Wir wissen auch über Faschisten aus den umliegenden Orten. Griechen. Das ist ganz schwierig. Und es gab ja sehr viele Übergriffe in den letzten Monaten, in und um das Lager. Gerade auf Frauen. Das macht natürlich Angst. Na ja, ich gehe damit so vernünftig um, wie ich nur kann. Ich parke mein Auto nicht in dunklen Ecken. Ich habe ein Zimmer in einem Hostel gemietet, das zentral liegt, wo ich die Besitzer kenne. Die warten immer, bis ich da bin abends. Denn ich reise nun mal alleine.«

Wenige Tage nach dem Brand fahre ich mit ihr ins abgebrannte Lager Moria.

»Wir sind jetzt an dem Ort, wo mal die kleine Wave of Hope Schule stand. Mit drei Klassenzimmern und Nebenraum und einer kleinen Bücherei. In der Schule waren insgesamt 2.600 Schüler registriert zum Zeitpunkt, als es gebrannt hat. Eine Deutschklasse gab es, die ich abwechselnd mit Azim unterrichtet habe. Ich habe vorher noch nie Deutsch-Unterricht für Afghanen gegeben. Es war eine kulturelle Erfahrung. Alle haben wahnsinnig schnell gelernt und sehr kluge Fragen gestellt. Wir hatten studierte Leute mit akademischem Grad bis hin zu Analphabeten.«

Wieder auf der Landstraße im Auto mit Frederike, Moria hinter uns lassend. Plötzlich zwei Frauen am Wegrand, mit fünf Kindern. Sie ziehen Plastikkörbe hinter sich her an einer Schnur. Ein Teil der Kinder ist krank, mit offenen Wunden im Gesicht. Wir steigen beide aus.

»Ich habe das eben mit Gerhard Trabert besprochen. Das ist der deutsche Arzt, der hier schon sehr oft Hilfe geleistet hat, immer heimlich und illegal. Leider. Wir haben abgemacht, dass ich notleidende Menschen fotografiere und per Handy schicke, damit er drauf schaut und ich gegebenenfalls Medizin besorge.«

Unheilbare Not am Straßenrand

»Die Menschen stecken was sie finden in Kisten. Weil sie gut rutschen auf der Straße. Und ziehen sie hinter sich her. Obstkisten aus Plastik, vollgestopft mit Sachen, die sie zum Kochen und Waschen brauchen. Die Schnur besteht aus einem Stück Stromkabel, das sie um die Kiste geknotet haben. Sie ziehen die Kisten kilometerlang hinter sich her. Jetzt ist es dunkel. Das Lager schließt um acht Uhr. Sie haben noch fünf Kilometer vor sich. Ich habe gefragt: aber sie möchten nicht, dass wir sie mitnehmen.«

Am nächsten Tag treffen wir uns im Lager Kara Tepe. Es ist die Anfangszeit des neuen Provisoriums, als Journalisten und freiwilligen Helfern der Zugang noch nicht so kategorisch erschwert wird wie wenige Wochen später:

»Der Berg da drüben, dieser Hügel im Lager Kara Tepe, wird zurzeit noch abgesucht von Soldaten nach Überresten von Munition, weil das ein Schießplatz war. Da dürfen sie noch nicht hin. Die Zelte haben keinen Boden. Die Menschen schlafen lediglich auf Decken, direkt auf den Steinen. Wenn es regnet, hatten sie früher Holzpaletten. Die hat sich jeder organisiert. Darauf haben sie ihre Decken gelegt. Sie haben auch keine Möglichkeit, hier pro Familie fünf Holzpaletten reinzutragen.«

Kritik an Behörden wie Helfern

»Das Wetter ist die größte Gefahr. Die Leute haben Angst. Wann kommt der nächste Sturm, und woher? Hier gibt es viel Polizei, viel Militär. Aber keiner spricht mit ihnen. Sie informieren die Menschen nicht. Das finde ich eigentlich das Schlimmste.«

Nach ihrem zweiten Einsatz will ich von ihr wissen, wie sie ihr Dasein als freiwillige Helferin erlebt:

»Ich bin sehr kritisch geworden in den letzten Wochen und Monaten, weil ich einfach viel erlebt habe. Ganz viel läuft über Geld. Die Hilfsorganisationen sollen eigentlich helfen. Hier geht es aber ganz viel um den Status. Wer hat den höchsten Status? Wer hat das meiste Geld? Wer hat die schönsten T-Shirts? Die besten Fotos?«

»Ich bin 37 Jahre alt. Ich habe meinen festen Job. Ich kann aus einer gesicherten Situation heraus handeln und anderen auch Sicherheit vermitteln. Und weil ich gewisse Erfahrungen gemacht habe. Ein Einsatz ist gefährlich. Man muss ganz viel mentale Stärke mitbringen. Ich will nicht sagen, dass die jungen Menschen dies nicht haben. Aber für sie ist es viel schwieriger.«

Einige Tage später sitzt Frederike mir im Hafen von Mytilene gegenüber. Du hattest eine Kontrolle im Hotel diese Woche?, frage ich sie.

»Ja, sehr überraschend. Die Zivilpolizei war bei mir. Ich weiß, dass sie schon länger nach mir schauen. Sie haben im Hostel in mein Zimmer geschaut. Sie wollten wissen, ob ich da Menschen verstecke, Flüchtlinge. Sie haben mir vorgehalten, dass ich Essen verteilen würde. Sie meinten, das stehe unter Strafe und ich müsse ein Bußgeld zahlen. Wir sind jetzt so verblieben, weil sie sehr schlecht Englisch sprachen, dass wir einen Übersetzer holen und dann noch mal sprechen. Vielleicht war das nur ein Abschreckungsversuch.«

»Meine Hostel-Gastgeber haben mich gewarnt. Auch weil es immer noch Geflüchtete gibt nach dem Brand, die aus dem Gefängnis im Lager Moria freigekommen sind. Die jetzt irgendwo in den Wäldern von Lesbos gesucht werden. Ich gehe davon aus, dass die Polizei mich deshalb aufgesucht hat. Dabei ist es total unlogisch, dass ich alleine als Frau irgendwelche Straftäter versorgen würde im Wald. Das macht einen ziemlich verrückt. Also: ›Durchatmen‹. Ich habe mir nichts vorzuwerfen.«

Zum Zeitpunkt dieses Gespräches ermittelten griechische Behörden gegen 33 Mitarbeiter von Hilfsorganisationen wegen Spionage und Menschenschmuggels, mehr als die Hälfte davon Deutsche. Sie sollen Koordinaten der griechischen Küstenwache vor Lesbos an Mittelsmänner in der Türkei weitergegeben haben. Die Athener Regierung befeuert so das Narrativ von Populisten und Rechten, das Helfer als ›Schlepper‹ stigmatisiert. Die Beschuldigten kritisieren, Griechenland lenke so von eigenen Verbrechen ab.

Eine Familie transportiert Hab und Gut
von Moria ins neue Lager Kara Tepe

ZWISCHEN-WELTEN I
Flüchtlinge und
Einheimische auf
Lesbos

Seltener Tagesausflug:
Unbegleitete Minderjährige beim Tanz

Familie aus Kunduz mit Baby, Moria
Alltag in Moria: Schaukel und Bretterbau

Konfliktreiche Beziehung: Olivenbäume und sich ausdehnendes Lager, Moria
Suche nach Brennstoff, Lager Kara Tep
Nächste Seite: Der Brand, festgehalten von den Zeichenlehrern
Lida und Shukran Sherzad, Kara Tepe

Refugees

The EU is a virus.
It enters the life of a refugee.
Scans his future.
Transfers him to deportation,
which is
equal to death.
Edits his mind and deletes his smile.
So please stay away from the EU.
Stay at your own home and accept death.
Send me the address of the EU.
I am a professional antivirus, full
version registered 2016.

Shamshaid Jutt, Moria 2016

Gold von Lesbos:
Bauer mit Olivenernte in Polychnitos

Bäckerfamilie in Sigri, Lesbos
Bargespräch, Mytilene
Nächste Seite: Folgen des Erdbebens in Vrissa

Griechisch-orthodoxer Geistlicher, Kaloni
Innenstadt Plomari, Heimat des Ouzo

Räumarbeiten nach dem Erdbeben
Schutzsuchende vor der griechischen Sozialbehörde, Mytilene

Einige von Millionen Olivenbäumen auf Lesbos

DIE EINHEIMISCHEN
»Wir haben Angst, unsere Heimat zu verlieren«

Vangelis Voyiatzis, Stratis Voyiatzis und seine Tochter Anastasia, eine Familie von Olivenbauern auf Lesbos: Vangelis Voyiatzis ist mittlerweile über 80 Jahre alt. Er besitzt große Plantagen am Golf von Kaloni. Sein Olivenöl vertreibt er auf Messen in Paris u.a. und hat dafür internationale Auszeichnungen erhalten. Er exportiert sein gesamtes Olivenöl ins Ausland, anders als eine Reihe von einheimischen Bauern, deren Produktion auf der Insel konsumiert wird. Vangelis' Bruder Stratis besitzt ebenfalls Olivenfelder, direkt am Rand des Flüchtlingslagers von Moria. Mit verheerenden wirtschaftlichen Folgen bis zum Lagerbrand, wie er beschreibt. Anastasia ist seine Tochter. Sie arbeitete eine Zeit lang für Eliaitis, eine große griechische Catering-Firma, die u.a. die Lager Moria und Kara Tepe jahrelang als Catering-Firma belieferte. Am Tag unserer Begegnung bereitet sich Anastasia auf eine Demonstration gegen den Bau eines neuen Flüchtlingslagers vor und gegen das aktuelle Lager Moria.

Vangelis, auf seiner Olivenfarm, bei Ouzo und heimischem Käse, Pamfila, August 2020:

»Kommen Sie! Ich zeige Ihnen mein Paradies. Ich liebe jeden Quadratmeter hier. Ich liebe meine Bäume. Bäume brauchen viel Liebe. So wie Pflanzen.«

»Ich habe 13 Jahre lang in Südafrika gelebt und gearbeitet. Ich habe viel gesehen in meinem Leben. Nun bereite ich mich langsam darauf vor, auf Lesbos zu sterben. Ich wäre froh, wenn es an diesem Ort passiert, meinem Paradies, zwischen den Olivenbäumen. Ich bin bereit dazu. Jederzeit.«

Geschockt und erleichtert vom Brand in Moria

»Weil Sie mich nach dem Brand in Moria fragen: Ich habe morgens den Fernseher angemacht. Das ganze Lager stand in Flammen! Und die Olivenhaine drum herum: alle verbrannt! Wer waren die Täter? Was war passiert? Alles war noch unklar am ersten Morgen danach. Und ich war einerseits geschockt und andererseits erleichtert, dass die Bewohner aus Moria nicht nach Mytilene durchgedrungen sind. Wenn 12.000 Menschen vor einem Feuer fliehen, da hätte einiges passieren können! Die Polizei hat sie rechtzeitig gestoppt. Es hatten ja viele unter ihnen das Corona-Virus, hieß es. Keiner wusste genau, wie viele.*«

»Eine Zahl von Flüchtlingen hatte ja schon einmal die Innenstadt besetzt. 2018, auf dem Sappho-Platz. Die Flüchtlinge haben tagelang mitten in der Stadt campiert und demonstriert. Diesmal hat sie die Polizei zeitig gestoppt und so verhindert, dass sich so etwas wiederholt. Gott sei Dank.«

Die Türkei verschärft die Lage

»Nun sorgt auch noch Herr Erdogan für zusätzlichen Ärger. Er lässt in unseren griechischen Gewässern der Ägäis nach Öl bohren. Das macht mich sehr besorgt. Die gesamte Situation ist angespannt. Das ist eine geografische Nachbarschaft, in der jederzeit eine Bombe hochgehen kann. Ich bin bereit, gegen die Türkei zu kämpfen, wenn es sein muss.«

»Ich bin von Anfang an für den Bau eines neuen Lagers gewesen. Und zwar tief in der Mitte der Insel. Denn wenn es einen erneuten Aufstand im Lager gibt, passiert er weit weg von hier. Das neue Lager sollte sicher sein, mit Stacheldraht drumherum. Dort hätten sie ihre eigene Krankenversorgung, eigene Bankschalter. Eine behelfsmäßige Klinik könnte man bauen. Dann müssten sie nicht hier in Mytilene ins städtische Krankenhaus. Die Immigranten werden ja hier bevorzugt behandelt, wie man hört. Die Hilfsorganisationen, heißt es, geben den griechischen Ärzten Anweisungen, wer zuerst behandelt werden soll.«

* Bis zum Zeitpunkt des Brandes waren einige wenige Fälle im Lager Moria offiziell bekannt geworden, verhältnismäßig nicht mehr als unter der griechischen Bevölkerung von Mytilene.

Eigene Fluchterfahrungen

»Als die Flüchtlinge ab 2015 in großer Zahl kamen, haben wir versucht ihnen zu helfen. Mit Kleidern, Unterkunft und Essen. Diejenigen, die jetzt kommen, sind keine Flüchtlinge mehr sondern Wirtschaftsmigranten. Ich bin selbst Sohn eines Flüchtlings. Später war ich als Flüchtlingskind in Südafrika. Meine Mutter ist 1922 von Türken in Ayvalik vertrieben worden. Sie war noch ein Kind. Das war vor dem Bevölkerungsaustausch. Mein Großvater war Schifffahrt-Unternehmer. Er setzte seine Frau, meine Großmutter, mit zwei Töchtern in ein Boot. Sie flüchteten über das Meer auf die griechische Seite. Die Türken schossen auf ihr Boot. Sie ruderten um ihr Leben, um das Ufer von Lesbos zu erreichen.«

Sorge vor möglichen IS-Terroristen

»Viel später bin ich dann selbst ausgewandert. Nach Südafrika. Ich habe dort offiziell um Einreise angefragt. Es war hart am Anfang. Dann fand ich Arbeit. Nach zwei Jahren konnte ich mein erstes Geschäft aufmachen. Aber die Leute hier, die jetzt auf die Insel kommen? Keiner weiß, wer sie wirklich sind. Ihre Namen? Wer sagt mir, ob sie stimmen? Ein Teil von ihnen gehört womöglich zu Terroristen, die Menschen die Kehle vor laufender Kamera durchschneiden. Wer garantiert mir, dass nicht einige von ihnen zum IS gehören?«

»Hier im Nachbardorf Pamfila arbeiten seit zehn bis zwölf Jahren einige Afghanen bei uns. Einer von ihnen ist Said. Er ist ein prima Mensch. Zuverlässig. Ich mag ihn. Letztes Jahr war er in Afghanistan, zum ersten Mal seit Jahren, um seine Familie dort zu sehen. Ich habe ihn bestärkt, dorthin zu fahren.«

»Wir haben keine Probleme mit ihnen. Nur vor drei Jahren gab es einmal Streit in einem benachbarten Dorf. Da haben sich einige bis aufs Messer bekämpft. Dabei kam es zu einer Enthauptung. Es war grausam. Ich war nicht dabei. Man hat es mir nur erzählt. Es passierte abends. Kinder spielten noch auf der Straße. Dass ist mir einfach unvorstellbar!«

Profitorienterte NGOs

»Einige der NGO-Mitarbeiter sind keine guten Leute. Sie lotsen die Flüchtlinge hierher und informieren sie über ihre Rechte. Dabei haben sie eine Menge Pflichten gegenüber den Flüchtlingen. Aber das sagen die NGOs ihnen nicht. Es gibt viele nette Leute unter ihnen. Aber warum nehmen sie die Flüchtlinge nicht mit zu sich nach Hause, in ihre Heimat? Wenn sie die Flüchtlinge so gerne haben, sollen sie sie doch mitnehmen! Einige suchen nur ihren Profit hier. Sie bekommen 100.000 Euro für ein Projekt. 10.000 stecken sie in ein Hilfsprojekt, den Rest in ihre eigene Tasche.«

Stratis Voyatzis mit Frau, Pamfila
Vangelis Voyatzis und seine Felder, bei Kaloni

Stratis Voyiatzis, Anastasias Vater und Bruder von Vangelis, hat seine Olivenfelder, die direkt an das Lager Moria grenzen, verloren. Er beschreibt die vielfach unbekannte Not der Einheimischen.

Stratis Voyiatzis:
»Ich mag es nicht, wenn Flüchtlinge mein Land besetzen. Sie missbrauchen die Bäume als Toilette. Ich hatte dort 196 Olivenbäume. Alle sind tot jetzt.«

»Ich war, wie mein Bruder viele Jahre als Migrant in Südafrika, und in Australien. Als ich zurückkam, habe ich das Land hier gekauft, ein Stück Land voller Olivenbäume, um meine Familie zu ernähren. Und jetzt?«

»Ich habe das Land meinem Sohn übertragen. Ich bin zu alt, um noch selbst zu ernten. Aber es gibt auch nichts mehr zu ernten. Ich kann nicht mehr hin und mir das anschauen. Es sind nur noch Stümpfe übrig. Die Äste haben sie abgeholzt. Es ist nutzloses Land jetzt. Früher habe ich mein eigenes Olivenöl verkauft. Jetzt muss ich mir zum ersten Mal in meinem Leben selbst Olivenöl kaufen. Früher hatte ich mehrere Tausend Euro Einnahmen von den Bäumen. Jetzt ist alles weg.«

Angst, die Heimat zu verlieren

Anastasia, Tochter von Stratis Voyiatzis, Pamfila, August 2020:
»Ich treffe gleich meine Freunde. Um 7 Uhr findet die Demonstration an der Kreuzung nach Moria statt. Wir Bürger aus Pamfia, Panagiouda, Afalonas und Moria wollen zeigen, dass wir nicht einverstanden sind. Die Regierung entscheidet über den Bau eines neuen Lagers, ohne uns zu fragen. Die Bewohner im Lager Moria schätzen wir. Wir haben ihnen immer wieder geholfen. Ich selbst habe Decken gespendet. Aber dann haben wir erkannt, dass ein Plan dahintersteckt. Es sind viele alleinstehende Männer und junge Kämpfer unter ihnen. Von Einhundert Personen, die ankommen, sind neunzig in Wirklichkeit Kämpfer. Sie kommen, um Europa zu islamisieren. Nicht nur Griechenland, sondern ganz Europa.«

»Deutschland und die übrigen EU-Staaten haben den Gebildeten unter den Flüchtlingen Asyl gegeben. Bei uns bleiben nur die Gauner, Diebe. Afrikaner, Schwarze. Sie werden sich vermehren, ihre Zahl wird zunehmen. Wir haben Angst vor ihnen. Am Ende könnten sie sogar den Bürgermeister auf Lesbos stellen. Oder Abgeordnete in unserem Parlament. Wir selbst werden dann zu einer Minderheit. Und am Schluss werden sie uns vertreiben. Eigentlich ist mein Motiv zu demonstrieren nicht Hass, sondern Angst. Ich will meine Heimat verteidigen. Meinen Enkeln zuliebe. In diesem Augenblick, hier und jetzt, geht Lesbos verloren. Ich habe drei Enkel. Was soll ich meinen Enkeln und Kindern später sagen, wenn sie mich fragen: Mama, wo warst du, als das alles passierte? So wie der Rest von Europa uns bekämpft, so kämpfen wir für unsere Freiheit. Wir haben einen großen Gott, der uns immer beschützen wird. Vergessen Sie das nicht.«

Von Pamfila, dort wo der Olivenbauer Stratis Voyiatzis lebt, sind es auf der Dorfstraße nur wenige Hundert Meter zum nächsten Dorf Panagiouda. Christianthi Zeibeki unterhält hier mit ihren Schwestern eine Bäckerei, in der sowohl Einheimische als auch Hilfsorganisationen kaufen.

Chrisanthi Zeibeki, Panagiouda, August 2020:
»Die Situation ist sehr kritisch im neuen Lager Kara Tepe. Ich denke, es wird ein zweites Moria geben in wenigen Monaten. Die Straßensperren und Proteste der einheimischen Anwohner – das ist keine Lösung. Die Menschen in Panagiouda profitieren schon lange von den Flüchtlingen. Sie machen viel Geld mit ihnen. Sie sollten also lieber den Mund halten. Sie leben von ihnen. Aber sie sehen nur das Schlechte. Man möchte nichts mit den Flüchtlingen zu tun haben, aber von ihnen kassieren, das möchte man. Meine Großeltern stammen aus Izmir, dem ehemaligen Smyrna, sie mussten von dort emigrieren. Ich fühle daher mit den Menschen im Lager. Aber Lesbos geht es wirtschaftlich schlecht, schon lange. Wir haben keine nennenswerten Fabriken oder Unternehmen, die Arbeit geben könnten. Es leben zu viele Menschen auf dieser kleinen Insel.
Die Lösung ist auch nicht, den Menschen Essensrationen auszuteilen. Die Lösung wäre, diesen Menschen Arbeit zu geben und ein würdiges Leben, damit sie sich wie normale Menschen fühlen.«

Chrisanti Zeibeki in ihrer Bäckerei, Panagiouda

*Ich träume von einer Welt ohne Migranten.
Eine Welt ohne Migranten ist gleichbedeutend
mit einer Welt frei von Armut und Tyrannei, einer
Welt vor allem frei von menschlichem Streben, sein
Schicksal in die eigene Hand zu nehmen. Eine Welt
ohne Migranten und Migration wäre eine lang-
weilige, sinnlose Welt.*

Gazmend Kapplani

*Wer im Dunkeln sitzt,
zündet sich einen Traum an.*

Nelly Sachs

*Die Verwirklichung umfassender räumlicher
Bewegungsfreiheit für alle ist aufs Engste mit der
Zukunft der Demokratie verknüpft.*

Volker M. Meins

DIE FLÜCHTLINGE
»Sogar Tiere haben mehr Rechte als wir«

Dieser offene Brief der unabhängigen Flüchtlingsgruppen Moria White Helmets und Moria Awareness Team MCAT zur Situation auf Lesbos und in Moria erschien erstmals an Weihnachten 2020 als Alarmruf. Die Moria White Helmets und das Moria Corona Awareness Team (MCAT) bestehen aus jeweils mehreren Dutzend Personen. Sie haben sich im März 2020 freiwillig zu zwei Gruppen zusammengeschlossen mit dem Ziel, nicht allein von Hilfsorganisationen abhängig zu sein, zugleich koordinierter mit ihnen zu agieren und eigene Forderungen der Schutzsuchenden zu Gehör zu bringen.

Seit Beginn der Pandemie klären sie über Corona-Vorsorge auf. Sie beseitigen außerdem täglich anfallenden Müll in und um das Lager. Beide Gruppen sind nicht nur Schalt- und Ansprechstelle für Hilfsorganisationen und Behörden, sondern auch in den sozialen Medien präsent. Aus ihren Text- und Bildquellen beziehen täglich Tausende von Beobachtern, Aktivisten, Medien, Wissenschaftlern oder Vertreter aus der Politik wichtige Informationen. Die Moria White Helmets haben als Namensvorbild die Hilfsorganisation der White Helmets in Syrien, ohne dass es eine Verbindung zu diesen gibt.

Liebe Europäerinnen und Europäer, sehr geehrte Frau von der Leyen,

wir wünschen Ihnen ein frohes Weihnachtsfest (2020) aus dem neuen Flüchtlingslager auf Lesbos. Wir hoffen, dass Sie trotz der Schwierigkeiten, die wir alle aufgrund der Corona-Pandemie haben, schöne Feiertage haben werden.

Wir sind nach dem 9. September 2020, nachdem das alte Camp in Moria niedergebrannt ist, in ein neues Lager umgezogen und leben hier mit 7.000 Flüchtlingen. Es wurden uns bessere Bedingungen im neuen Lager versprochen, und wir haben diese Versprechen gerne gehört und darauf gewartet, dass sie erfüllt werden. Leider ist seitdem nicht wirklich etwas passiert. Noch immer warten wir auf genügend warme Duschen. Wenn es regnet, wird das Lager überflutet und die Zelte werden nass. Wir haben keine Heizungen, die uns und unsere Kinder wärmen, keine Schulen oder Kindergärten. Wenn wir krank werden, warten wir stundenlang auf medizinische Behandlung und das Essen, das wir bekommen, ist zwar ausreichend, aber nicht gesund. Auch wurde uns versprochen, dass unsere Asylverfahren endlich beschleunigt würden. Aber immer noch warten zu viele von uns auf ihre Interviews. Einige seit mehr als einem Jahr. Stattdessen sitzen wir hier in der Vorhölle und haben nichts anderes zu tun als zu warten. Die Situation ist teilweise noch schlimmer als vor dem großen Brand. Nur die Sicherheit ist besser geworden. Aber trotzdem gibt es nachts kein Licht im Lager. Im alten Moria konnten wir uns selbst organisieren. Wir hatten kleine Schulen, Läden und viele andere Aktivitäten betrieben. Im neuen Lager ist all das nicht möglich.

(…) Wir fragen uns: Wie kommt es, dass wir nach drei Monaten und so vielen Millionen von Regierungsspenden und von NGOs gesammelten Geldern immer noch an einem Ort ohne fließendes Wasser, heiße Duschen und ohne ein funktionierendes Abwassersystem sitzen? Warum können unsere Kinder immer noch nicht in einen Unterricht gehen und warum sind wir auf den guten Willen einiger Organisationen angewiesen, die gebrauchte Kleidung und Schuhe an uns verteilen? Haben wir keine Rechte als Menschen und Flüchtlinge in Europa und auf eine Grundversorgung wie jeder Mensch? Oft lesen und hören wir, dass wir in diesen Lagern wie Tiere leben müssen. Wir denken, dass das nicht stimmt. Wir haben die Gesetze zum Schutz der Tiere in Europa studiert und herausgefunden, dass sogar Tiere mehr Rechte haben als wir. Deshalb fragen wir Sie ganz ehrlich: Würden wir auch so behandelt werden, wenn wir Tiere wären?

Die Rechte, die man Tieren zugesteht, sind: Freiheit von Hunger oder Durst, Freiheit von Unbehagen durch Bereitstellung einer angemessenen Umgebung, einschließlich eines Unterschlupfs und eines bequemen Ruhebereichs, Freiheit von Schmerzen, Verletzungen oder Krankheiten durch Vorbeugung oder schnelle Diagnose und Behandlung, Freiheit, (die meisten) Regungen und ein normales Verhalten zeigen und leben zu können durch die Bereitstellung von ausreichend Platz, geeigneten Einrichtungen und sozialer Gesellschaft, Freiheit von Angst und Bedrängnis durch Gewährleistung von Bedingungen und einer Behandlung, die psychisches Leiden vermeiden. Genießen wir hier im neuen Camp diese Rechte? Sorry: Nein. Vielleicht haben wir keinen Hunger, aber wir leben in keiner »angemessenen Umgebung«, wir haben keine Freiheit von Schmerz und Not. Keiner von uns ist in der Lage, normales Verhalten zu zeigen, weil wir den ganzen Tag darum kämpfen müssen, etwas Wasser zum Reinigen und Essen zu organisieren und um ein warmes Plätzchen zu bekommen. Wir alle leben in Angst und Not. Eine neue Studie besagt, dass Flüchtlinge auf griechischen Inseln so deprimiert sind, dass jeder Dritte an Selbstmord denkt.

Also haben wir beschlossen, Sie zu bitten, uns die einfachen Rechte zu gewähren, die auch für Tiere gelten. Wir würden uns freuen, wenn wir diese erhalten und versprechen Ihnen, dass Sie keine Klagen mehr von uns hören werden. Wir laden alle, die so denken ein, nur für eine Nacht in unserem Camp zu bleiben. Nach einem schrecklichen Jahr, in dem wir hier leben mussten, ist dies unser Wunsch für Weihnachten. Er ist einfach und wir denken, dass es nicht länger als drei oder vier Wochen dauert, ihn zu erfüllen. Wir bitten nicht um weitere Spenden oder Geld für die Instandsetzung der Infrastruktur. Wir haben in den Zeitungen gelesen, wie viele Millionen bereits ausgegeben wurden. Viele von uns sind Ingenieure, Elektriker, Ärzte: Wir wissen, dass es nicht sehr viel Geld braucht, um ein solches Lager in Stand zu setzen. Wenn Sie uns helfen wollen, fragen Sie stattdessen bitte: Wo ist das ganze Geld geblieben? Warum hat es uns nicht erreicht? Wir sind bereit, uns selbst zu helfen und hart zu arbeiten, wenn man uns nur lässt und vertraut. Wir haben es in der Vergangenheit bewiesen, dass die meiste Arbeit hier entweder von Flüchtlingen, die ehrenamtlich für NGOs arbeiten oder von Selbsthilfeorganisationen der Flüchtlinge geleistet wird. Das Bild, das viele Menschen von uns haben, ist falsch. Wir sind nach Europa gekommen, um nützliche Mitglieder Ihrer Gesellschaften zu werden. (...)

Wir betrachten dieses Lager als unser Lager und wir wollen die Unterstützung haben, es zu reparieren. Was wir brauchen, ist professionelle Hilfe von Expert:innen, aber was wir sehen, sind viele Freiwillige voller guten Willens, aber ohne die Fähigkeiten, die Kanalisation, die Unterkünfte und die Wasserversorgung zu reparieren. Was wir fordern ist, als Partner:innen ernst genommen zu werden und uns darüber aufzuklären, was geplant ist und wie viel Geld vorhanden ist und ausgegeben wird. Wir sehen viele Spendenaufrufe und Versprechungen und wir sehen unsere Realität und das macht uns frustriert und wütend. Wir bitten Sie um einige sehr einfache und leichte Schritte: eine ausreichende Wasserversorgung und Duschen zu ermöglichen, ordentliche sanitären Anlagen zu installieren, eine ordentliche Drainage zu legen, damit unser Camp bei Regen nicht überflutet wird, die Versorgung mit Elektrizität, Heizung und Zelten für den Winter sicherzustellen, Plätze für Kinder zu schaffen, genügend Zelte für Schulen, Klassen und Werkstätten bereitzustellen, Licht auf den Hauptstraßen des Camps zu installieren, die medizinische und psychologische Versorgung zu verbessern, Orte für Treffen und Freizeit zu haben. (...) Im Frühjahr war noch von Evakuierung die Rede, aber zu Weihnachten bitten wir Sie nur darum, dieses provisorische Lager zu reparieren und uns nicht den Rest des Winters an diesem Ort weiter leiden zu lassen.

All unsere besten Wünsche

Omid Deen Mohammed Alizada
für das Moria Corona Awareness Team (MCAT)

Raed al Obeed
für die Moria White Helmets (MWH)

Dieser offene Brief wird von vielen Flüchtlingen unterstützt, ihre Namen sind uns bekannt.«

Aufwachsen im Lager Moria

Warten auf den Asylbescheid, Gitterzaun im Hafen von Mytilene,
wo die Schiffe zum Festland abfahren

HELFER:INNEN UND FREIWILLIGE
»Kriminelle Strukturen, die vor europäische Gerichte gehören«

Thomas von der Osten-Sacken
ist einer von wenigen Helfern auf Lesbos, die Langzeiterfahrung in Kriegsgebieten und Fluchtländern haben, und der seit vielen Jahren die Hilfsorganisation Wadi e.V. im Irak leitet. Er teilt seine Arbeitszeit zwischen dort und Lesbos.

»Zum ersten Mal bin ich 2016 als Journalist nach Lesbos gekommen, als die große Flüchtlingswelle hier noch immer am Laufen war und jede Nacht fast 50, 60, 70 Boote angekommen sind. Und dann wieder ab 2017. Aber dann nicht mehr als Journalist, sondern in meiner Funktion als jemand, der eine Hilfsorganisation seit Jahrzehnten leitet. Jetzt bin ich mit Unterbrechung seit März dieses Jahres hier. Ich berate die griechische Organisation Stand by me Lesvos, bin aber kein Mitglied der Organisation.«

Hin- und Hergeschiebe politischer Verantwortung

»Ich war regelmäßig im Lager Moria in meiner Funktion. Interessanterweise ist es so, dass es monatelang sehr heftige Kritik daran gegeben hat, dass ein Großteil dieses Camps ein rechtsfreier Raum ist und auch die Verantwortung völlig unklar geregelt ist. Denn die Camp-Verwaltung, die Athen untersteht, hat gesagt: Eigentlich sind wir für diese Zeltlager nicht zuständig. Wir sind zwar für die Registrierung und die Asylanhörung und das Essen der Flüchtlinge zuständig, aber nicht für deren Wohlergehen. Also für Strom, Wasser und Müllabfuhr. Die Gebiete, in denen die Zelte stehen, sind eigentlich Aufgabe der Stadtverwaltung in Mytilene, weil dies kommunales Gebiet ist. Die Stadtverwaltung in Mytilene aber sagt: Das sind illegale Settlements, die wir ablehnen. Also machen wir da nichts. So dass es keine Müllabfuhr gab, keine vernünftige Wasserversorgung, keine Stromversorgung, und vor allem keine Sicherheit.«

»Hinzu kam der Einfluss einiger weniger Hilfsorganisationen im Lager, die aus den oben erwähnten Gründen Verträge mit Grundeigentümern aus dem benachbarten Dorf Moria geschlossen haben. In dem Moment, als ich dies das erste Mal gehört habe, habe ich gesagt, hier liegt der Hund begraben: ›Hier mieten NGOs Flüchtlingslager‹.

Aber es hat niemanden interessiert. Ich vermute, weil man einfach immer tiefer in diese völlig wahnsinnige Struktur eingedrungen ist.«

»Viel zu viele Leute sind verwickelt in das, was hier geschieht. Weil in den letzten Monaten vor dem Brand Moria eine Goldgrube gewesen ist. Wie viele Leute haben an den Flüchtlingen und ihrem Elend unglaublich viel Geld verdient? Es fängt an mit der Nahrungsmittelverteilung: Die ist vom griechischen Militär organisiert. Im Moment besteht der Verdacht, dass das griechische Militär 2.000 Flüchtlinge zu viel angemeldet hat, was pro Tag 2.000 Rationen zu viel abgerechnete Nahrungsmittel bedeutet, die nie ausgeliefert worden sind. Wenn man das hochrechnet, ist das ganz schön viel Geld. Die Zahlen, die ich gehört habe, sind 50.000 Euro am Tag*.«

* Laut der griechischen ex-Regierungspartei Syriza wurden sogar viertausend fiktive Bewohner in den Akten des Lagers Moria geführt. Mutmaßlicher Betrug in Höhe von 24 Millionen Euro pro Jahr. Ermittlungen dauern an.

Keine Polizei, kein Arzt im Lager

»Dieses Camp ist ein rechtsfreier Raum gewesen. Spezifisch die zeitweilig rund 14.000 Leute, die in den Olivenhainen in Zelten gelebt haben: Wo nachts kein einziger Polizist war, wo es nachts keinen medizinischen Dienst gab. Und wo rechtsfreie Räume dann von organisierter Kriminalität übernommen werden konnten. Auch Drogenkriminalität: Das organisieren ja nicht die Flüchtlinge alleine. Wir wissen alle, dass es Leute am Flughafen, am Hafen, in den Sicherheitsdiensten gibt, einige schwarze Schafe, die ein bisschen zusätzliches Geld verdient haben.«

»Ab einem gewissen Punkt glauben Leute dem existierenden Wahnsinn allerdings nicht mehr, sondern sie nehmen lieber wahr, was sie sehen. Und das Moria-Narrativ ist: ›Ach, die armen Flüchtlinge, denen geht es so schlecht. Lass uns mal Geld spenden‹. Obwohl Geld genau das Falsche ist. Es ging hier nicht um mehr Geld, sondern es ging um die Schaffung von Strukturen. Mehr Geld hat alles noch schlimmer gemacht. Das ist ein europäisches Versagen und der Skandal von Moria letztlich. Dass zugleich alle, die hier ankommen, sich letztlich als die Guten aufspielen.«

»Was die vielen Hilfsorganisationen angeht: Es sind im Durchschnitt vier- bis fünfhundert Volunteers aus Europa da, Freiwillige, von denen niemand weiß, wofür sie eigentlich gebraucht werden. Und die vielen Spenden nach dem Brand in Moria: Alleine über die Corona-Krise ist mir bekannt, dass ungefähr 4,6 Millionen Euro von Hilfsorganisationen für Moria gesammelt worden sind, wobei wir bis heute nicht wissen, wo diese Gelder geblieben sind. Ganz viele der Geldspenden sind nie nachvollzogen worden.

»Es gibt keine Pflicht für Audits, Berichte, Finanzabrechnungen. Nichts. Da hat die griechische Regierung erst dieses Jahr mit angefangen. Das heißt: über Jahre sind hier zum Teil Hundertausende von Euros von Privatpersonen im Namen von irgendwelchen lokal registrierten kleinen NGOs über Fundraising-Seiten gesammelt worden. Es ist völlig unklar, wo diese Gelder geblieben sind. Das ist eine Goldgrube für unzählige Leute.«

Syrien-Krieg und die Türkei verschärfen die Flucht

»Bis September 2019 waren in Moria 8.000 Leute. Das war nicht schön. Aber keine aus dem Ruder laufende Katastrophe. Und dann hat die Türkei angefangen, im Oktober 2019 sukzessive die Grenze wieder aufzumachen. Also den EU-Türkei-Deal zu verletzten, um Druck auf die EU aufzubauen, dass mehr Gelder gezahlt und noch nicht gezahlte Gelder freigestellt werden. Auch in Syrien ist etwas passiert: Die Offensive in Syrien hat enormen Druck auf die Türkei ausgeübt. Im Dezember und Januar haben die Russen und Assad pro Tag 100.000 neue Flüchtlinge produziert.

Das heißt: die Türkei öffnet die Grenzen und hier kommen plötzlich fast 15.000 neue Flüchtlinge in vier Monaten an. Und dann kommt Corona. Die griechische Regierung hat ja schon im November/Dezember 2019 klar gesagt: Wir können das hier nicht mehr managen. Es ist unmöglich, 15 bis 20.000 Leute in den Hotspots zu haben. Das ist eine Verstrickung von Koinzidenzen. Der Oktober 2019, dann Corona und die Grenzöffnung im Februar. Da kann man nicht mehr von bösem Willen sprechen.«

»Im Kern geht es darum, dass hier systematisch kriminelle Strukturen entstanden sind. Wir reden über eine von der EU getriggerte Angelegenheit, bei der rechtlich die Schwächsten der Schwachen den Preis zahlen, also die Geflüchteten.«

»Erste Aufgabe wäre jetzt: eine unabhängige Untersuchungskommission zu Moria ins Leben zu rufen, die nicht irgendwo auf einer Ebene der ostägäischen Inseln angesiedelt ist, sondern wo am besten unabhängige staatliche, juristische Akteure mit den entsprechenden Geldmitteln und auch Befugnissen ausgestattet sind, um aufzuarbeiten, was tatsächlich in den letzten fünf Jahren in Lesbos, Chios, Samos, Kos und Leros passiert ist. Und die auch die Möglichkeiten haben, entsprechend juristische Schritte auf den unterschiedlichen Ebenen einzuleiten, auf denen die jeweilige Verantwortung liegt. Damit hier nicht, sinnbildlich mit Brecht gesprochen, im Provinzgericht von Lesbos am Ende der Bauer Dimitri eingesperrt wird.«

Nicolas Perrenoud

Geschäftsführer der Schweizer NGO ›One Happy Family‹ auf Lesbos. One Happy Family unterhält oberhalb vom provisorischen Lager Kara Tepe ein Community Center. Als das Lager Moria noch stand, bot dieses soziale und kulturelle Angebote für teilweise bis zu 1.000 Menschen am Tag. Das Gelände von OHF war im Frühjahr 2020 Ziel eines Brandanschlags, zeitgleich zu gewaltsamen Übergriffen Einheimischer auf internationale Helfer und Organisationen. Nach dem zweiten, harten Lockdown im Dezember 2020 sind die Räume der NGO vorübergehend leer, zugleich erhält OHF weiterhin Zuwendungen, was zu einem Dilemma werden kann, wie Nicolas beschreibt.

»Eigentlich sollte das Camp Kara Tepe nicht existieren. Es ist ein Gefängnis. Es ist ein Resultat der existierenden Abschreckungspolitik. Darum wollen wir da gar nicht rein als Hilfsorganisation. Aber wir müssen die Situation der Menschen irgendwie verbessern. Die Gefahr dabei ist immer, dass der Staat sich zurückzieht und weniger macht, sobald die NGOs seine Arbeit übernehmen. Er muss sich dann zum Beispiel nicht um die Essensverteilung kümmern, um die Zuteilung der Zelte, die Verteilung von Hilfsgütern und so weiter. Das war ja das große Problem in Moria. Trotzdem fragt der UNHCR im Internet nach Spenden. Aber von ihrer Arbeit ist nicht viel sichtbar bisher.«

Bedenklicher Umgang mit Spenden

»Spenden sind ein sensibles Thema. Es sind ja massive Milliarden von EU-Geldern nach Griechenland transferiert worden. Aber immer mehr Gelder gehen in den Grenzschutz anstatt in humanitäre Hilfe. Zugleich gibt es überhaupt keine Transparenz über die Gelder, die hier ankommen. Wir haben nach dem Feuer in Moria bewusst kein Fundraising lanciert. Wir fühlen uns nicht wohl, nach Geld zu fragen, ohne dass wir überhaupt einen Plan haben, wofür wir es ausgeben. Im Unterschied zu ganz vielen anderen Organisationen, die noch in der Brandnacht einen Spendenaufruf gestartet haben und denen teilweise Hunderttausende von Euros gespendet wurden, ohne dass überhaupt ein Plan existierte. Das finde ich bedenklich und moralisch nicht vertretbar.«

Nicolas Perrenoud, ›One Happy Family‹

ZWISCHEN-WELTEN II
Flüchtlinge und Einheimische auf Lesbos

Musizierende Flüchtlinge und Freiwillige bei einem Fest in Moria

Pandemie-Schutzanzug bei Tagesausklang, Moria
Sportübugen zwischen Olivenbäumen, Moria

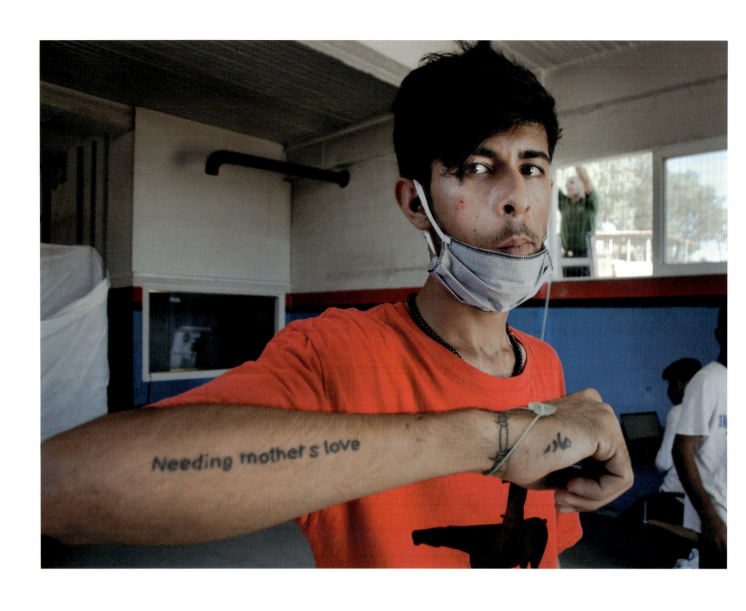

Hilferuf als Tattoo, Moria
Narben eines Selbstmordversuches, Moria
Nächste Seite: Drei Schwestern beim Online-Lernen mit Handy, Moria

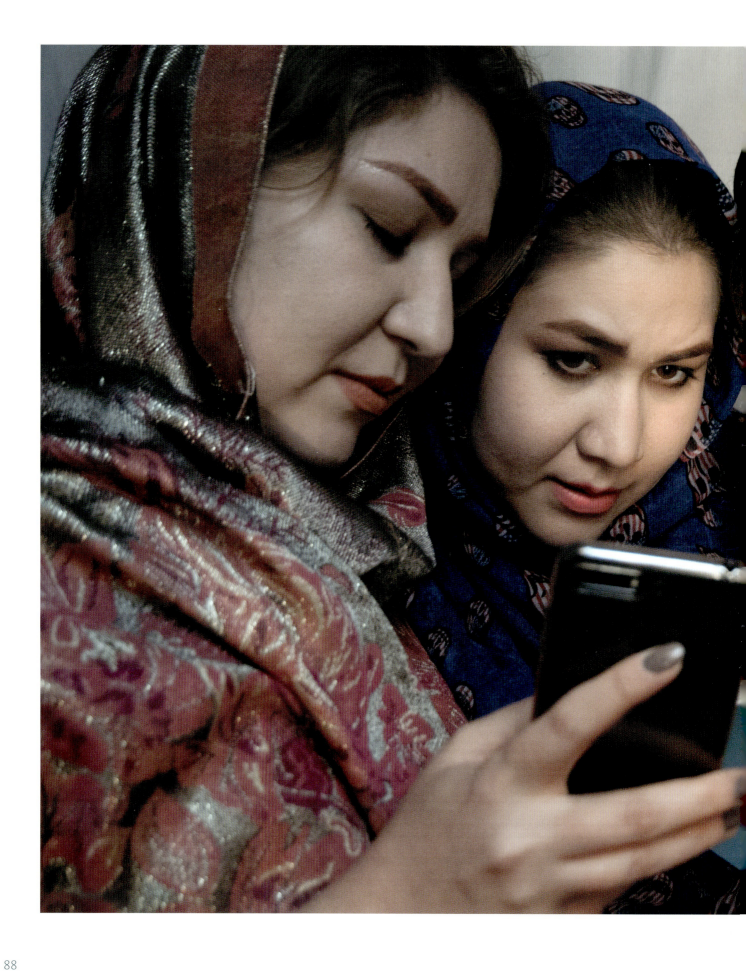

Don't worry Mum

Done with dangerous way
Crossed the Aegean Sea
Got a new life
Sweet mum don't worry
Between humans now
Humanity is alive
People like angels
Sweet Mum don't worry
»Love you, Europe
Thank you, Greece
God bless you
Keeping my son safe«
I'm treated well
Eating energetic food
Air-conditioned rooms
Sweet Mum don't worry
«Why have you been there so long?»
Getting an education
Doing a project
Sweet Mum don't worry
– I'm sorry, Mum.

Shamshaid Jutt, Moria 2016

Graffito, Mytilene
Am Busschalter, Mytilene

Häuserwand, Mytilene
Restaurant, Ayasos

Café in Ayvalik, türkische Seite der Meerenge bei Lesbos
Badende bei einer Pause vom Lagerleben

Esther Zerva mit Katherina Panou, Taxiarchis/Lesbos

DIE EINHEIMISCHEN
»Niemand schaut auf uns Inselbewohner«

Esther Zerva, Taxiarchis, September 2020
Esther habe ich im Sommer 2020 kennengelernt. Da hatte sie begonnen, sich für eine deutsche Hilfsorganisation auf Lesbos zu engagieren, die sich für die doppelte Not auf Lesbos einsetzt, also Flüchtlinge und Einheimische. Sie ist eine unabhängige lokale Helferin auf Lesbos und zum Zeitpunkt unseres Gesprächs ohne festes Gehalt.

»Viele Menschen auf Lesbos haben Schulden. Nicht nur Ältere mit Krankheiten oder die arbeitslos sind. Journalisten, die nach Lesbos kommen, beschäftigen sich weniger damit als mit den Flüchtlingen. Niemand schaut also auf uns, die Einheimischen. Das ist das Problem. Die Menschen hier möchten, dass man ihnen Aufmerksamkeit entgegenbringt. Sie haben nichts gegen Flüchtlinge im Allgemeinen. Sie bekommen im Fernsehen mit, dass Flüchtlinge Geld erhalten. Dabei schnappen sie irgendwelche Geschichten auf. Da ist von 800 Euro pro Person und Monat die Rede. Das ist natürlich nicht der Fall. In Wirklichkeit ist es ein Zehntel davon. Aber sie hören das und denken: Und wir müssen mit 300 Euro im Monat leben.«

»Das Gesundheitssystem ist ein Problem für Einheimische. Wenn man operiert wird und dem Arzt nicht ein Trinkgeld in die Hand drückt, 200, 300, manchmal 500 Euro, dann passt er vielleicht nicht so gut auf, wie er sollte. Ich kenne den Fall einer Frau, die nach der Operation nicht mehr laufen konnte. Sie hatte jedenfalls kein zusätzliches Geld an den Arzt gezahlt. Zugleich sind die Leute selber schuld: Das System der verborgenen Zahlungen existiert seit Jahren. Aber niemand unternimmt etwas dagegen. Dabei ist es verboten. Aber Lohn und Gehalt reichen vielen nicht aus. Weshalb viele schauen, wie sie dazu verdienen können. Dabei ziehen die Armen den Kürzeren. Niemand kümmert sich um sie. Die Insel lebt von der Olivenproduktion. Dieses Jahr tragen die Bäume wenig, vor zwei Jahren reichlich. Ich weiß nicht, warum. Das ist dramatisch für die Insel.«

Die Einheimischen wissen nicht, wie es in Moria aussieht

»Viele Bewohner profitieren von Flüchtlingen und Helfern. Ich höre von einem Haus, das für 5.000 Euro im Monat vermietet wird. Das ist viel Geld. Die Menschen reden jetzt darüber, wie Moria abgebrannt ist. Aber die meisten Einheimischen wissen nicht, wie Moria ausgesehen hat. Sie waren nie dort. Aber wenn du selbst hingehst, dir ein Bild gemacht hast, als das Lager noch stand, dann verstehst du.«

»Wir sind alle Teil der sozialen Medien, schreiben darüber, was sich täglich im Straßenbild verändert. Man sieht jetzt Menschen mit rasiertem Schädel, Tattoos, in schwarzer Kleidung. Sie können zuschlagen. Als ich bei einer griechischen Hilfsorganisation gearbeitet habe mit Flüchtlingen, haben mich zwei fremde Personen dabei fotografiert. Mir war das suspekt. Die Leute auf Lesbos sehen den Müll, der durch die Situation entsteht. Manche fürchten, sich anzustecken. Andere sorgen sich, ihre Ziegen und Schafe würden geklaut. Das geht von Mund zu Mund.«

Katherina Panou, Taxiarchis, September 2020
»Ich würde gerne einem Flüchtlingskind täglich eine ordentliche Mahlzeit geben. Es macht mich traurig, vom Lager, dem Müll, den Lebensumständen zu hören. Ich bin 69 und Witwe. Ich kämpfe mit Nieren- und mit Darmkrankheit, mit Rheuma. Neuerdings auch mit Depressionen. Und nehme viele Medikamente deshalb. Dazu kommt der Stress. Seit mein Mann an einem Herzschlag starb, bin ich krank. Mit seiner kleinen Rente, 340 Euro, muss ich beide Enkel ernähren. Meine beiden Söhne arbeitslos, die Tochter geschieden,. Es gibt nur einmal am Tag ein richtiges Essen. Ich bekomme Panikattacken wegen des Stresses. Mehrmals kam die Ambulanz und fuhr mich ins Hospital. Dazu die Schulden der Stromrechnung. Sie ist so hoch, ich fürchte sie drehen mir den Strom ab. Beim Krämerladen stehe ich mit 220 Euro in der Kreide. Ich weiss nicht, wie ich das alles löse.«

Elli Kriona Saranti

gehört zu den wenigen unabhängigen Rechtsanwältinnen auf Lesbos, die sich für Schutzsuchende einsetzen. Ihre Organisation HIAS versucht u.a. Musterfälle im Asylrecht auf Lesbos vor europäische Instanzen zu bringen und somit auf die Zustände in den Lagern auf den EU-Hotspots hinzuweisen. HIAS kooperiert mit namhaften europäischen und deutschen Asylrechts-Organisationen und humanitären Vereinigungen. Das Gespräch wurde im August 2020, wenige Wochen vor dem Brand in Moria geführt. Bemerkenswert ist, welch (anderes) Bild von den Schutzsuchenden Elli hat, nicht zuletzt aufgrund ihrer eigenen Biografie.

»Die Rechtshilfe-Organisation HIAS ist eine internationale Nichtregierungsorganisation. In Griechenland arbeiten wir seit dem Sommer 2016. Zunächst auf Lesbos, später mit einem Büro in Athen. HIAS bietet kostenlose Rechtshilfe für Asylsuchende und Schutzsuchende sowie Rechtsberatung bei der Vorbereitung zur Anhörung von Asylsuchenden. Auch bei der rechtlichen Vertretung während der Interviews von Asylbewerbern. Wir bieten zudem Rechtsbeistand bei der Abfassung der Widersprüche in allen Instanzen. Wir vertreten Asylbewerber, die inhaftiert sind oder die Zielscheibe von Hasskriminalität sind. Das betrifft die Kriminalisierung von Protesten der Flüchtlinge durch Dritte.«

16 Anwälte für 16.000 Menschen

»Es gibt definitiv nicht genug Anwälte auf Lesbos, um die Nachfrage der Schutzsuchenden zu befriedigen. Die Zahlen schwanken und ändern sich jeden Monat. Für ganz Moria mit seinen rund 16.000 Menschen (Stand Juli 2020) sind es zurzeit 15 oder 16 Rechtsanwälte. Wobei sich ein Teil der Anwälte auf ganz bestimmte Bereiche konzentriert, etwa unbegleitete Minderjährige, Kinderschutz etc. Der griechische Staat ist seinerseits verpflichtet, kostenlosen Rechtsbeistand für alle Berufungsverfahren zur Verfügung zu stellen. Auf Lesbos selbst haben die staatlichen Behörden aber keine registrierten Anwälte in ausreichender Zahl stellen können. Deshalb hat man eine Vereinbarung mit registrierten Anwälten in Athen abgeschlossen, um von dort Berufungsverfahren für Menschen auf Lesbos durchzuführen. Das bedeutet in der Praxis: Pflicht-Anwälte in Athen nehmen Kontakt mit Asylbewerbern auf Lesbos und aus Moria auf im Fall einer Berufung, aber nur über Telefon.«

»Ich mag das Narrativ der Vulnerabilität nicht, also die Schaffung verschiedener Kategorien von verwundbaren Flüchtlingen. Wer nicht als besonders verletzlich gilt, soll diesem Schema zufolge auf Lesbos bzw. den Hotspots bleiben. Nehmen wir an, es handelt sich um einen nicht schutzbedürftigen, also nicht vulnerablen Asylbewerber, der sehr überzeugende Gründe hat für seinen Asylantrag. Warum sollte ausgerechnet diese Person weniger Möglichkeiten haben, Asyl zu erlangen? Europa nimmt so wissend in Kauf, dass es die Rechte vieler verletzt. Es ist der Versuch, einem fragwürdigen System ein wenig Humanität hinzuzufügen und sich ein Alibi zu verschaffen.«

Haben Sie selbst etwas von den Flüchtlingen, die sie betreuen, gelernt?

»Ich komme selbst aus einer Flüchtlingsfamilie. Von daher gehe ich vermutlich etwas anders an die Sache heran. Die Geschichte meiner Familie ist komplex. In Kürze: Ich stamme ab von Eltern und Großeltern, die politisch links und während des Bürgerkriegs in Griechenland aktiv waren. Weil sie der griechischen kommunistischen Partei angehörten, wurden sie zu Flüchtlingen und fanden Aufnahme in der ehemaligen Sowjetunion: Meine Großeltern, meine Mutter und meine Tante. Meine Mutter wurde in Taschkent geboren, in Usbekistan. Nach dem Sturz der griechischen Diktatur wurden sie repatriiert.«

»Die Art und Weise, wie ich mit Flüchtlingen umgehe, ist von den Erfahrungen meiner Familie stark geprägt. Unsere Geschichte als Flüchtlinge war für uns gleichbedeutend mit Stolz. Als wir jünger waren pflegten wir zu sagen: Unsere Großeltern sind politische Flüchtlinge. Meine Cousins und ich wussten damals nicht, was das eigentlich bedeutet und fanden es irgendwie cool.«

Flüchtlinge sind für mich aus Prinzip starke Menschen

»Unsere Großeltern und unsere Eltern sind sehr starke Persönlichkeiten, dynamisch, echte Kämpfertypen. Deshalb ist der Archetyp eines Flüchtlings in meinem Kopf der einer starken Person. Daher auch mein Problem mit der Kategorie der besonderen Verletzlichkeit, der vulnerability, die man als Kategorie eingeführt hat: Ich würde diese schutzbedürftigen Menschen viel mehr als starke Menschen betrachten. Ich stimme nicht mit dem Bild von

Flüchtlingen als jederzeit Abhängigen überein. Ich denke, etwas ist falsch an unserem ›humanitären‹ Narrativ. Das Narrativ der Vulnerabilität lautet: Diese Menschen kommen als Verletzliche zu uns. Für alles brauchen sie unsere Hilfe. Wir sollen sie leiten, anleiten, anführen etc..«

»Ich sehe es so: Diese Menschen haben eine eigene Entscheidung getroffen. Es sind nicht wir, die sie füttern, bemuttern und ihr Leben vorgeben müssen. Wenn sie zu mir kommen, sehe ich sie im Großen und Ganzen als Mandanten wie auch andere Kunden, als Menschen, die technische und fachliche Informationen brauchen, die sie nicht haben. Deshalb kommen sie zu einem Anwalt. Sie sind nicht gänzlich ohne Schutzschild, weil sie ein Problem haben oder eine Sprache nicht sprechen. Und ich denke immer: Am Ende werden sie für sich selbst angemessen entscheiden.«

Nach Monaten in Moria, Familie mit Wohnerlaubnis in Mytilene Stadt

Thomas Mavrofides

ist Professor für kulturelle Technologie und Kommunikation an der Ägäischen Universität von Mytilene. Ein Grieche aus Athen vom Festland, dessen Familie selbst unter den Spannungen auf der Insel leidet. Er gibt sich ebenso solidarisch wie kritisch gegenüber der griechischen Inselbevölkerung auf Lesbos. Und ordnet Lesbos in seinen aktuellen geopolitischen Kontext ein. Mytilene, August/September 2020

Moria zu sehen macht krank

»Ich habe das Lager Moria von innen gesehen, als es noch stand. Um den Kern des Lagers Moria herum gab es Zäune. Dort wie auch im Inneren des Lagers gab es Stacheldraht auf den Zäunen. Sie versuchen, Afghanen von Syrern zu trennen, Araber von Afrikanern. Nach Nationalität, Geschlecht, manchmal nach Ethnie. Alles war auf Unterdrückung ausgerichtet. Ich bin einmal mit meiner Frau und meinem Sohn im Lager gewesen. Wir waren schockiert, tagelang. Ich habe mit Polizisten gesprochen, die in Moria arbeiten. Sie sagen: Moria ist unvorstellbar. Es macht einen krank, dort zu arbeiten.«

»Wir haben in unseren westlichen Gesellschaften Systeme für Justiz, für Gesundheit oder Bildung. Das Ideal dabei ist jeweils, allen eine Zugehörigkeit zuzuweisen. Die Logik von Moria dagegen ist, alle Flüchtlinge von solchen Systemen auszuschließen. Also ihnen den Zugang zu formaler Bildung, zu offiziellen Gesundheitsdiensten oder zu Sicherheit zu verwehren. Egal, ob sie legal oder illegal dort leben. Im Fall von Moria scheint es den Behörden egal, ob die Menschen legal oder illegal in den Olivenhainen leben, die außerhalb des umzäunten Lagers liegen. Sie sind in diesen unseren Systemen nicht registriert. Für sie ist kein Platz darin.«

Die EU zur Verantwortung ziehen

»Ohne Frage gibt es eine enorme Verantwortung seitens der EU und auch der griechischen Regierung, die Katastrophe von Moria aufzuarbeiten. Ich denke jedenfalls nicht, dass die direkt nach dem Brand inhaftierten sechs jungen Afghanen, darunter mehrere Minderjährige, instrumentalisiert werden sollten, um unsere eigene Verantwortung zu verschleiern. Diese Afghanen – wenn sie schuldig sein sollten – müssen verurteilt werden. Aber wir können es uns nicht leisten, mit Samthandschuhen an die EU und die griechischen Behörden heranzugehen. Dabei wird niemand in Griechenland Verantwortung übernehmen wollen. Weder gegenüber der EU noch gegenüber der griechischen Öffentlichkeit. Zumal das griechische Justizsystem faktisch von der Regierung kontrolliert wird. Das ist in Griechenland eine bekannte Tatsache. Bezeichnenderweise ist das Justizsystem in einer Demokratie unabhängig. Nicht so in Griechenland. Man erlebt hier immer wieder Staatsanwälte auf verschiedenen Ebenen, die ihr Amt wieder zur Verfügung stellen in kontroversen Fällen, nämlich wenn Mitglieder der griechischen Regierung involviert sind oder namhafte Schifffahrt-Reeder, auch Teile der griechischen Elite oder des politischen Systems. Das belegt, dass es nicht weit her ist mit der Unabhängigkeit der griechischen Justiz. Wirtschaftssysteme sind globalisiert. Justizapparate sind es leider nicht. Jede Verantwortung der nationalen Justizbehörden endet an der jeweiligen Staatsgrenze.«

Türkei als Zünglein an der Waage

»Offensichtlich versucht der griechische Staat, die Asylverfahren in die Länge zu ziehen und die Ägäischen Inseln zu einem Ort zu machen, an dem Flüchtlinge abgeschreckt werden sollen. Der griechische Staat meint: Sobald wir jemandem Asyl erteilen, könnte das den Flüchtlingen in der Türkei die Botschaft vermitteln, sie könnten kommen. Die Türkei hat es in jedem Fall in der Hand, wie es hier weitergeht, nicht die griechische Regierung. Aber man weiß nicht, was die türkische Führung als Nächstes tut. Solange die Kriege in Nahost andauern, wird auch die Migration andauern. Ich glaube übrigens nicht, dass jemand aus Lust an der Fremde seine Heimat verlässt und ein Boot besteigt. Man muss sehr verzweifelt sein, um so etwas zu tun. Aber das kann sich nur ändern, wenn man die Kriege und ihre Ursachen bekämpft.«

Thomas Mavrofides, im Arbeitszimmer

Bedrohungen durch ›Faschisten‹ im Internet

»Lesbos ist in kurzer Zeit ein relativ gefährlicher Ort geworden. Es gibt inzwischen selbstorganisierte Gruppen, die sich jedem entgegenstellen, der Flüchtlingen hilft. Selbst wenn man sich neutral gibt, stigmatisieren sie dies als unpatriotisch, als Affront gegen ihre Vaterlandsliebe. Diese Gruppen glauben, dass sie über dem Gesetz stehen. Sie argumentieren, ihre Vaterlandsliebe legitimiere sie zu allem und jedem.«

»Ich stamme aus Athen. Als jemand, der sich als Linker sieht und engagiert, werde ich auf Lesbos gelegentlich bedroht von Faschisten auf der Insel: Es gibt einen anonymen Twitter-Account zum Thema Flüchtlinge. Er belegt, wie sich Faschisten in Griechenland und auf Lesbos organisieren. Diese Personen meinen, dieser Account gehöre mir. Aber es ist eine Verwechselung. Polizei und Staatsanwaltschaft ist dies bekannt. Trotzdem werde ich weiterhin bedroht. Über Messenger haben diese Menschen mir bereits geschrieben: ›Wir werden deinen Sohn töten. Also nimm dich in Acht!‹ Wem das anonyme Twitter-Konto gehört, ist noch immer unklar, sagt man mir bei der Staatsanwaltschaft.«

Angriff auf deutschen Reporter

»Die Gruppen und Individuen, die ich als Faschisten bezeichne, organisierten sich bis jetzt vor allem über Facebook. Außerhalb der sozialen Medien errichten sie Straßensperren, machen Jagd auf Helfer und Journalisten. Sie haben bei den Ereignissen im Frühjahr 2020 einen deutschen Reporter angegriffen. Es gibt ein Video, in dem der Kopf eines Reporters auf einen Bordstein geschleudert wird, weil er die Ankunft eines Flüchtlingsboots auf Lesbos gefilmt hatte, während Vertreter der faschistischen Bewegung das Boot wieder zurück auf das Meer schicken wollten. Sie haben auch eine Studentin meiner Universität angegriffen. Ihr Auto trug kein Nummernschild aus Lesbos, es war aber griechisch. Und sie arbeitete nicht für eine NGO. Diese Menschen wollen ein Gefühl von Angst und Terror verbreiten. Ihre Gruppen sind selbstorganisiert. Sie haben Führungsstrukturen. Sie rufen im Internet zu Versammlungen auf mit dem Argument, die griechische Rasse zu schützen, was immer das sein soll. Sie argumentieren: ›Da ist ein Feind, der uns islamisieren, der Lesbos zu einer muslimischen Insel machen will.‹«

Stimmungsumschwung und Angst vor Islamisierung

»Die Stimmung auf Lesbos hat sich gedreht über die Jahre. Ein Narrativ dabei ist: ›Wir sind dabei, unsere Religion zu verlieren‹. Was merkwürdig ist. Denn diese Insel hat 500 Jahre ottomanische Besatzung überlebt, ohne die Religion zu verlieren. Die Menschen sind Christen geblieben. Wie sollen sie durch 20 oder 30.000 Flüchtlinge ihre Religion verlieren? Das ist verrückte Propaganda. Aber ein Teil der Leute glaubt so etwas. Das Gute gegen das Böse. Wenn es das Böse nicht gibt, dann erfindet man es.«

»Die aktuelle Nea Dimokratia versprach ihren Wählern bei Regierungsantritt, das Migrations-Problem zu lösen, die Migranten an die Grenze zurückzuschicken und die Grenzen dichtzumachen. Deshalb haben viele Anhänger der rechtsextremen Goldenen Morgenröte die Nea Dimokratia gewählt. Aber nachdem die Regierung im Amt war, zeigte sich, dass sie ihre Versprechen nicht halten konnte. Das Gegenteil passierte. Eine große Anzahl von Flüchtlingen erreichte unverändert griechischen Boden. Von da an fühlten sich diese Wähler betrogen, von Leuten des eigenen Blutes sozusagen. Sie fingen an, eine eigene Bewegung zu bilden.«

»Die faschistischen Gruppen hatten pyramidale Strukturen, als die Strukturen der Goldenen Morgenröte noch aktiv und intakt waren. Es gab eine Kommando-Struktur, vom Führer herunter zur Basis. Mit dem Gerichtsverfahren gegen die Goldene Morgenröte haben sich diese Strukturen aufgelöst. Zugleich haben sich die lokalen Anführer neu organisiert. Es scheint nun eine neue horizontale Struktur zwischen Lesbos, den Inseln und Teilen des Festlandes zu geben. Sie unterstützen sich gegenseitig, tauschen Pläne und Taktiken aus. Das ist gefährlich. Denn die pyramidalen Strukturen, die es vorher gab, konnte man leichter ausmachen. Weil sie eine sichtbare Spitze hatten. Ein Netzwerk auf Facebook dagegen ist schwerer zu kontrollieren als eine hierarchische Struktur.«

Lokale und internationale rechte Netzwerke

»Wir haben auch deutsche Neonazis hier auf Lesbos gesehen in den letzten Jahren, ebenso irische. Sie wurden von Aktivisten der linken Seite angegriffen. Nicht sehr brutal. Aber die Message war klar: Neonazis aus Europa – bleibt weg von der Insel! Die hiesigen Neonazis haben Verbindungen nach Europa, zur Lega Nord in Italien, z.B. zu Matteo Salvini. Nach Frankreich und Deutschland auch, wie es scheint. Und in die USA, in das Umfeld von Donald Trump. Die genaue Art der Zusammenarbeit ist unklar. Aber sie sind vernetzt und kommunizieren. Sie vervielfältigen ihre jeweiligen Posts in ihrer jeweiligen Sprache und auf ihren Seiten.«

»Auch innerhalb der Polizei auf Lesbos scheint es einen Kern aus Personen der Goldenen Morgenröte gegeben zu haben. Man sammelt noch Beweise dafür. Es hat aber den Anschein, dass z.B. der Polizeipräsident versucht hat, das politisch Opportune zu tun. Das ganze behördliche System, und das betrifft auch die Justiz, funktioniert auf Lesbos auffällig langsam, je nachdem, um wen es geht. Ein Beispiel: Bei Straßenblockaden von ›Rechten‹ reagiert die Polizei nur sehr langsam, oft erst nach Stunden. Wenn dagegen anarchistische Gruppen auf Lesbos eine Straßenblockade errichten, ist die Polizei im Handumdrehen da. Die Polizei hat also sehr langsame Reflexe gegenüber den Faschisten auf der Insel.«

Wachsende Entfremdung zwischen Einheimischen und ausländischen Helfern

»Was Hilfsorganisationen aus dem Ausland und freiwillige Helfer angeht: Ihr Fokus liegt oft ausschließlich auf den Flüchtlingen. Dies sorgt für eine Entfremdung zwischen den Einheimischen und den Migranten, was natürlich nicht allein deren Schuld ist. Daran hat auch die Regierung Schuld. Weil die Inselbewohner an der von ihr geprägten Rhetorik der Angst gegenüber den Flüchtlingen festhalten. Und wenn Migranten sich ausgeschlossen fühlen, versuchen sie, sich selbst zu organisieren. Weil sie spüren, dass etwas schiefläuft. Das passiert gerade auf Lesbos. Vielleicht kann man es vergleichen mit dem, was den Türken in Deutschland anfangs widerfahren ist, als grundsätzlicher Prozess der Entfremdung, der im Grunde aber gezielter Integrationsprozesse bedürfte, um diese Tendenz umzukehren.«

»NGOs legen oft ein Verhalten an den Tag in Form von: Wir lassen eine Menge Geld hier auf der Insel – was zutrifft – und mit einem Hang von: Deshalb gehört das uns hier. Das wird dann sehr schnell zu einer Beleidigung für Einheimische. Das Problem ist: Manche sprechen es ganz offen aus. Es gab Zwischenfälle mit Faschisten. Aber auch nicht-faschistische Inselbewohner fühlen sich beleidigt.«

»Die Bewohner von Lesbos betrachten sich als Europäer. Viele NGO-Vertreter wiederum verhalten sich als Intervenierende, wie man es aus anderen Konfliktländern kennt. Die Art, wie einige von ihnen denken und sich ausdrücken, erinnert an Neo-Kolonialismus. Das kann nicht toleriert werden.«

»NGOs reagieren, wenn man versucht, sie zu sehr zu kontrollieren. Bis zu einem gewissen Grad zu Recht. Aber ich denke, der griechische Staat sollte und muss die Aktivitäten von NGOs stärker koordinieren. Damit die horizontale Kommunikation zwischen den NGOs wie auch zu Behörden transparenter und kooperativer wird. Aber weder die EU noch die griechische Regierung scheinen an einer tiefgehenden Verbesserung der Situation interessiert zu sein. Man vertraut darauf, dass es irgendwie funktioniert.«

Zahra Hosseini, 18, unterrichtet in der Wave of Hope School, Moria

DIE FLÜCHTLINGE
»Unsere Träume sind blockiert, aber der Unterricht gibt uns Hoffnung«

Selbstverwaltung aus der Not: Schulen der Flüchtlinge für Flüchtlinge in Moria

Schon vor der Corona-Pandemie waren die Menschen im Lager stärker auf sich selbst angewiesen und einem zunehmend strengen Lockdown ausgesetzt. In Moria hatten sich so bereits seit dem Herbst 2019 eine Anzahl unabhängiger Schulen von Flüchtlingen für Flüchtlinge gebildet, ein in den Medien wenig wahrgenommenes aber wichtiges Phänomen. Notdürftig zusammengezimmert aus Holzlatten und überdacht mit dünnem Stoff. Bis zum Brand in Moria bauten Schutzsuchende selbstständig so ein halbes Dutzend unabhängiger ›Schulen‹. Stress, Depression und Gewalt wurden so zeitweilig und begrenzt auf bestimmte Teile im Lager zurückgedrängt. Für die Eltern von Flüchtlingskindern hat Bildung oberste Priorität. Denn sie sollen später in Europa eine gute Arbeit finden, um in der Heimat gebliebene Familienmitglieder abzusichern. Unterrichtsausfall ist für sie daher eine tägliche Katastrophe. Einige der Lehrkräfte im Lager sind selbst Flüchtlinge. Sie können sich so, endlich, nützlich machen. Denn als Empfänger unserer Spenden sind sie als Schutzsuchende zur Passivität verdammt. Dies kann tödlich sein, wie wir aufgrund vielfacher Suizidversuche wissen.

Die folgenden Stimmen stammen von Flüchtlingen, die in Moria die Wave of Hope Schule mit betrieben haben.

Massih Yousufzai, Moria, August 2020
Anfang 20, mit Dreitagebart und Baseball-Cap, leitete in den Monaten im Sommer 2020 bis wenige Wochen vor dem Brand die Wave of Hope Schule im Lager Moria. Wie viele der Jungen im Lager mit schneller Auffassungsgabe und gutem Englisch.

»Diese Schule wurde von uns Flüchtlingen im Lager gebaut. Stundenplan, Unterrichtsinhalte und Verwaltung liegen in unseren Händen, werden von uns entschieden. Die Ausbildung ist keine formale schulische Ausbildung.«

»Für Kinder gibt es Spiele und Kunst-Unterricht hier. Jugendliche und Erwachsene lernen Dari und Farsi, also Persisch, ihre Muttersprachen. Außerdem Englisch. Es gibt Deutsch-, Französisch- und Gitarren-Unterricht. Die Meisten, die jeden Tag zu uns kommen, sind Afghanen und Afghaninnen. Auf dem Stundenplan stehen auch Sprachen wie Somali für Afrikaner. Es sind alle Menschen willkommen.«

»Vor allem ist wichtig, dass überhaupt Bildung und Unterricht im Lager stattfinden kann, dass wir hier ein Angebot machen können. Ich selber konnte in Afghanistan nur bis zur neunten Klasse zur Schule gehen. Jeden Tag frage ich mich, wie ich meine Bildung verbessern kann. Ich lebe jetzt seit bald zwei Jahren hier. Und warte immer noch auf eine Entscheidung über meinen Asylantrag, zusammen mit meiner Mutter und meinem Bruder. Dass ich mich fast zwei Jahre lang schulisch nicht weiterentwickeln kann, ist ein großes Problem. Dasselbe gilt für Tausende andere.«

Schule gegen wachsende Depression und Lebens-Müdigkeit

»Als ich nach Moria kam, ist für mich hier der Traum von einer offenen Welt zerplatzt. Den ersten Monat habe ich fast nur im Bett gelegen, bin nicht raus gegangen. Nachts habe ich geweint und mich gefragt, warum ich nach Europa gekommen bin. Ich mache mir Vorwürfe, habe Schuldgefühle. Ein Mensch stirbt nur einmal. Aber hier in Moria stirbt man jeden Tag. Ich sterbe morgens beim Aufwachen und abends beim Zubettgehen. Meine Träume sind blockiert.«

»Das Warten ist Hauptursache für die Depression. Jeden Tag sehe ich viel Leid, Leute, die von Selbstmord reden und einige, die es tun. 12-jährige Jungen, die versuchen sich umzubringen. Fragt man sie nach dem Grund, sagen sie: ›Ich bin des Lebens müde. Dies ist kein Ort zum Leben‹.«

Shukran Sherzad, Kara Tepe, September 2020
Mal- und Kunstlehrer, Wave of Hope School

»In Afghanistan habe ich Miniaturen gemalt. Ich habe nie eine Uni, eine Fakultät der schönen Künste besucht, sondern mir alles selbst beigebracht. Ich habe die 12. Klasse in Kabul beendet, konnte aber nicht studieren wegen des Krieges. Wir sind nach Pakistan, haben dort 12 Jahre als Flüchtlinge gelebt. 2001 gingen wir zurück.«

»Eine Zeit lang hatte ich einen Job beim Fernsehen. Dann fing die Lage an, unsicher zu werden. Es kam vermehrt zu Entführungen. Meine Familie machte mir ein schlechtes Gewissen und wies mich zurück, weil ich Schaupiel betrieb und mit Malerei Geld verdiente. Wir Künstler sind auch heute in Afghanistan immer noch und immer wieder Ziel von familiärem Hass, von Stigmatisierung und Verfolgung.«

Mahdie Jafari, Kara Tepe, August 2020
auf dem Bild rechts, unterrichtet mit 16 Jahren Englisch in der Wave of Hope Schule. Über ihre Erfahrungen sprach ich mit ihr kurz nach dem Umzug ins neue Lager Kara Tepe, September 2020

»Gerade ist die zweite Welle von Corona im Anmarsch. Die Menschen haben jetzt noch mehr Angst vor dem Virus. Alle sind verängstigt. Zumal wir mit zwei oder drei Familien in einem kleinen Zelt zusammengepfercht leben. Wie können wir uns so ausreichend schützen? Ich habe Angst um meine Familie. Ich will sie nicht verlieren. Und sie wollen mich nicht verlieren. Wir brauchen Hilfe. Sonst werden wir sterben.«

Mahdie sitzt mit einer Gitarre vor mir, singt Lieder, darunter ein berühmtes über Mullah Mammad Jan, der die schüchterne Ayesha um ihre Hand bittet. Am Ende geben sie sich am heiligen Schrein in Mazar-i-Sharif das gegenseitige Ja-Wort.

»Let's go to Mazar, Mullah Mammad Jan
To see the field of tulips, O my sweetheart
I let out my cry from atop a high mountain
I shouted the name of Ali, the Lion of God
O Ali, the Lion of God and the King of Men
Make our unhappy hearts happy
Let's go to Mazar, Mullah Mammad Jan
To see the field of tulips, O my sweetheart
Heal the pain of lovers wherever they are.«

»Eines meiner Lieder handelt von Flüchtlingen in Europa, von uns Afghaninnen, die im Iran groß geworden sind. Dort hatten wir keine Rechte. Und jetzt passiert uns das Gleiche hier. Auch auf Lesbos sind wir ohne Rechte. Ich singe über mein Leben: dass wir keine Gefangenen sein wollen, sondern Menschen. Darüber, wie sich unsere Herzen zusammengezogen haben, dass sie zu Steinen geworden sind.«

Am 20. Juni 2021, Mahdie ist jetzt 17, spricht sie zum Weltflüchtlingstags in Mytilini am Hafen vor Publikum auf einer offiziellen Bühne:

»Niemand verlässt freiwillig seine Heimat. Krieg, fehlende Sicherheit zwingen uns dazu. Unter uns sind viele talentierte Menschen. Wir haben diesen Weg auf uns genommen, um zu zeigen, was in uns steckt. Wir wollen Europa damit bereichern. Aber Moria bricht unser Selbstvertrauen immer wieder. Das hat mich und andere aber auch stärker gemacht. Wir kamen mit vielen Träumen, haben gelitten, sind abgestürzt. Aber wir geben nicht auf. Wir halten an unseren Zielen fest. Meine und unsere Träume gehören auch den Menschen in Europa. Ich bin sicher, der Moment der Freude wird kommen.«

Zur gleichen Zeit erhält Mahdies Familie Asyl in Griechenland. Sie dürfen sich jetzt drei Monate lang im Schengen-Raum frei bewegen.

Zahra Hosseini, Engelskirchen, Deutschland, Juli 2021
ist auf dem Foto S. 104 als Lehrerin zu sehen. sie hat mit 17 angefangen Englisch an der Wave of Hope Schule zu unterrichten. Im Frühjahr 2021 erhält sie mit ihrer kranken Mutter und vier Geschwistern als ›besonders vulnerable« Familie Schutz in Deutschland. Sie erinnert sich so an Moria:

»Ich war sehr geschockt über die Bedingungen im Lager. Alle waren deprimiert. Alles war schmutzig. Keine der Unterkünfte fühlte sich sicher an. Eines Tages sagte der Freund meiner Schwester: Du kannst doch Englisch. Warum gehst du nicht und unterrichtest die Kinder in dieser neuen Schule? Ich begann also dort, als Grundschullehrerin sozusagen. Es waren 30 Schüler in meiner Klasse. Am ersten Tag war ich so aufgeregt.

Mahdie Jafari am Strand in einer Pause vom Lagerleben

Azim Malikzada, Unterricht in der Wave of Hope School, Moria

Ich wusste nicht, wo ich anfangen sollte. Aber dann fühlte ich mich gut unter den Kindern. Ich sah, dass sie mich liebten und mir zuhörten. Die Zuversicht wuchs und das Gefühl von Vertrauen und Zuneigung.«

»Wir hatten nicht viel Material zum Unterrichten. Eine weiße Tafel, ein paar Stifte. Ich zeichnete Tiere an die Tafel und die Kinder imitierten ihre Stimmen. Ein paar Monate, nachdem ich angefangen hatte, sollte die Schule wegen der Corona geschlossen werden. Während die meisten humanitären Organisationen ihre Aktivitäten reduzierten oder abreisten, gaben wir Lehrer nicht auf. Wir waren mehr denn je überzeugt, unseren Leuten zu helfen.«

»Als Teil des MCAT-Teams verteilten wir Seife und Masken an die Menschen, wir gingen zu jedem der Zelte, erklärten den Familien etwas über Hygiene und wie man sich mit dem wenigen Wasser, das im Lager vorhanden war, richtig die Hände wäscht.«

»Ein paar Wochen vor dem Feuer konnte ich wegen der Situation meiner Mutter in ein anderes Lager in der Nähe auf Lesbos umziehen. Dann hörte ich, dass es brannte am 8. September. Ich war sehr verängstigt und machte mir Sorgen um meine Freunde und Schüler. Die Menschen aus Moria drängten auf die Straße. Dort konnten wir ihnen nicht helfen. Es war sehr schmerzhaft.«

»Die Menschen in Moria haben ein hartes Leben. Aber es steckt viel Hoffnung in ihnen auf eine bessere Zukunft. Ihre Herzen sind voller Liebe. Und sie geben niemals auf.«

»Seit ich in Deutschland angekommen bin, vermisse ich meine Schüler, meine Klasse. Ich vermisse meine Freunde aus dem Camp. Ich vermisse die Tage, an denen wir spazieren gegangen sind und Wassermelone gegessen haben. Es gab Tage, an denen wir feierten und die Gesichter der Kinder bemalten. Als Lehrerin in der Wave of Hope Schule habe ich erfahren, dass ich sehr stark bin.«

Azim Malekzada Moria, August 2020
hier links auf dem Bild. Er unterrichtete Deutsch in der Wave of Hope Schule. Azim hat bereits mehrere Jahre in Deutschland gelebt. Dann wurde er abgeschoben nach Afghanistan. Von Kabul ist er bereits zum zweiten Mal auf dem Weg nach Europa. Dies ist ein Ausschnitt aus einer Deutschstunde in Moria, die ich miterlebt habe.

Azim: Wir werden heute wieder üben, was wir in den vergangenen Wochen gelernt haben. Erst einmal: Schönen guten Morgen! Wer ist bereit, sich hier vorzustellen? Von den Frauen vielleicht jemand …?
    Nazanin: Hallo. Ich bin Nazanin, mein Nachname ist Mohammadi. Ich bin 11 Jahre alt. Meine Lieblingsfarbe ist pink. Mein Lieblingsessen ist Pizza. Ich komme aus Afghanistan. Ich wohne in Moria.
Azim: Wo ist Moria?
    Nazanin: Hier.
Azim: Und hier ist?
    Nazanin: Griechenland.
Azim: Bist du mit Familie oder alleine hier?
    Nazanin: Mit der Familie.
Azim: Hast du auch Geschwister?
    Nazanin: Ich habe eine Schwester. (…)
Azim: Wie lange wohnst du schon in Moria?
    Nazanin: Zehn Minuten, … zehn Jahre. Nein, zehn Monate … Ja, ich wohne seit zehn Monaten in Moria.
Azim: Was willst du später einmal werden?
    Nazanin: Oh, eine schwierige Frage … Ja. Ich möchte Künstlerin werden.
Azim: Danke dir. Bitte einen Applaus für Nazanin.«

Die anderen Schüler klatschen.

Im neuen Lager Kara Tepe gibt es die unabhängigen Schulen der Flüchtlinge nicht mehr, u.a. weil Behörden und NGOs die Kontrolle anstreben. Nicht nur pandemiebedingt droht für Tausende Kinder und Jugendliche Bildungsnot mit Folgen. Artikel 22 der Genfer Flüchtlingskonvention garantiert Flüchtlingen gleiche Schul- und Studienmöglichkeiten wie Einheimischen. Kinder lernen in der Pandemie weltweit digital, dazu haben die Flüchtlingskinder von Lesbos kaum Möglichkeiten. In Moria gab es oft nur drei Stunden Strom täglich. Es gibt auch kaum Schulmaterialien wie Tafeln, Stifte oder Papier.

*Tief im Inneren des Migranten herrschen Angst,
Misstrauen und die Gewalterfahrungen während der Flucht
und bei der ersten Berührung mit dem unbekannten Land.
Und außerdem das Gefühl, unerwünscht zu sein, sowie
Groll, Heimweh und gleichzeitig das Verleugnen der Heimat,
Schuldgefühle und Wut.*

Gazmend Kapplani

*Wie stark man ist, erkennt man erst,
wenn man mit dem Rücken zur Wand steht.*

Norman Mailer

*Der Homo Sapiens ist ein Produkt von Migration und
Vermischung. Jede moderne Europäerin hat ein wenig von
afrikanischen Jägern, westanatolischen Bäuerinnen und
eurasischen Hirten mitbekommen. Populationsgenetisch
und kulturgeschichtlich betrachtet haben wir alle einen
Migrationshintergrund.*

Volker M. Heins

HELFER:INNEN UND FREIWILLIGE
»Doppelte Migration: Junge Griechen verlassen Lesbos, ohne Perspektive«

Werner Gnieser

ist Vorsitzender von Kali:mera, einem deutschen Verein für Lesbos, der sich, neben der Hilfe für Flüchtlinge in Moria und Kara Tepe, der Hilfe notleidender Einheimischer auf der Insel verschrieben hat und der, weil er unmittelbarer in Kontakt mit Insel-Griech:innen ist, so zum Teil ganz andere Erfahrungen macht als die Mehrheit der Hilfsorganisationen.

»Wir gehörten mit zu den Ersten, die ins neue Lager Kara Tepe gelassen wurden mit unseren griechischen Partnerorganisationen, um dort Hilfsgüter zu verteilen. Die immer aggressiveren Ressentiments der Bevölkerung gegenüber den Flüchtlingen und ausländischen NGOs treffen uns kaum, weil der Verein sehr viel für Einheimische tut.«

Finanzkrise als Beschleuniger der Not

»Wir fahren ganz bewusst eine zweigliedrige Strategie, von Anfang an: Hilfe und Nothilfe für Flüchtlinge. Aber auch Hilfe und Nothilfe für Einheimische. Auch auf Lesbos gibt es Schutzsuchende, Arme, Vernachlässigte. Mehr als man denkt. Die Wirtschaftskrise der letzten Jahre und Jahrzehnte und vor allem der dramatisch eingebrochene Tourismus auf Lesbos, als eine elementar wichtige Einnahmequelle, haben große Teile der Bevölkerung in nie erlebte Not gestürzt. Indem wir einen Teil von ihnen unterstützen, bemühen wir uns, Vertrauen herzustellen und umsichtig zu sein. Das machen wenige internationale Organisationen gezielt. Aber es zahlt sich aus. Durch Vertrauensleute vor Ort erfahren wir von den Schicksalen in Not geratener Lesbier und Lesbierinnen. Das betrifft vor allem ältere Personen, ohne Familie, ohne finanzielle Unterstützung, die oft in unvorstellbaren Wohnverhältnissen leben.«

Ohne unsere Hilfe würden diese Einheimischen sterben

»Maria M. zum Beispiel ist gelähmt, lebt in einer Bruchbude, wie man sagt. Sie kann nicht mehr aus dem Bett, verrichtet ihre Notdurft im Bett, mitunter geht etwas daneben. Sie brauchte eine Waschmaschine und einen Wasseranschluss, um ihre Kleider, die zum Teil voll von der Notdurft waren, reinigen zu können. Nicki K., ebenfalls bettlägerig. Ohne Betreuung würde sie sterben. Sie hat keine Familie. Braucht eine Pflegekraft, die wir ihr besorgen. Perikles K., seit dem 25. Lebensjahr an Kehlkopfkrebs erkrankt, der sich über eine Magensonde ernährt, von 420 Euro Invalidenrente lebt. Viele schlafen auf völlig versifften Matratzen, die dringend ausgewechselt werden müssten. Zwischen feuchten, modrigen Wänden. In diesen und in anderen Fällen übernehmen wir häufiger die Stromkosten oder die Miete, damit sie nicht auf der Straße sitzen oder ihnen der Strom abgedreht wird. Wir ersetzen auch kaputte Kühlschränke, Herde, damit sie ein Minimum an Lebensstandard haben.«

Fortbildungen, um Auswanderung zu verhindern

»In anderen Fällen geht es darum, lokalen vulnerablen Personen, also sehr anfälligen wie Schwangeren, Kranken und gefährdeten Großfamilien ausreichend Wohnraum zur Verfügung zu stellen. Und Fortbildungsangebote für sie zu entwickeln. Dort werden Jugendliche durch Lehrkräfte in Sprachen und Allgemeinbildung unterrichtet. Denn auch junge Griechen auf Lesbos verlassen ihre Insel, sobald sie keine Perspektive mehr sehen. Diese doppelte Migration neben den Flüchtlingen ist bei uns weitgehend unbekannt.«

Kiara Weisbrod,
Studentin und Freiwillige. Sie absolvierte zwei Auslandssemester an der University of the Aegean in Mytilene auf Lesbos als Erasmus-Studentin von September 2019 bis Anfang 2021. Neben dem Studium engagierte sie sich für und mit den Schutzsuchenden in verschiedenen Projekten, unter anderem bei ›No Border Kitchen‹ und ›WISH – woman in solidarity house‹.

»Als ich nach Lesbos kam, hatte ich ein sehr verklärtes, eurozentristisches Bild von humanitärer Hilfe. Ich kam mit der Vorstellung, etwas Gutes zu tun, das Leiden der Menschen zu verringern. Meine Zeit auf Lesbos hat mich desillusioniert. Sie hat mich gelehrt, dass humanitäre Hilfe nicht grundsätzlich etwas Gutes ist. Ich sah viele Helfer*innen kommen und gehen. Die meisten blieben zwei Wochen oder knapp einen Monat. Sie dachten, damit die Welt zu retten. Sie hatten keine Vorstellung, welche Dynamiken auf der Insel existieren, welche kritischen Mechanismen sie mit ihrer Hilfe in einer NGO verstärkten. Und sie kamen ohne den Willen, hinter die Fassaden dieser fröhlichen NGOs zu schauen.«

Desillusioniert und mit ausreichend Zeit

»Wenn mich heute jemand fragt, ob es Sinn macht, nach Lesbos zu gehen, um zu helfen, sage ich: ›Es macht Sinn. Aber nur, wenn du ausreichend Zeit mitbringst, Minimum 3 Monate, dich vorher mit dem politischen Geschehen auf der Insel auseinandersetzt und dich von NGO's fernhältst, die im Camp selbst arbeiten, da diese – bewusst oder unbewusst – die Existenz des Camps stärken‹.«

» ›No Border Kitchen‹ und ›WISH‹ sind beides keine NGOs. Sie arbeiten mit dem Anspruch, hierarchie-freie Gruppen zu sein, bestehend aus Europäer*innen und Schutzsuchenden. Es gibt bei ihnen keine Werbung mit weinenden Kindern. Spenden werden durch Netzwerke generiert. Beide Gruppen sind keine Organisationen, sondern politisch links-sozialisierte Gruppen, die das Ziel haben, Menschen ›on the move‹ zu unterstützen, ein Begriff, der Schutzsuchende gleichermaßen einzubeziehen versucht.«

Corona-Management spaltet Einheimische und Schutzsuchende

»Die Corona-Pandemie spielt in der ganzen Zeit natürlich eine zentrale Rolle. Ich arbeite dazu aktuell in meiner Bachelorarbeit. Ich halte es für extrem wichtig, auf die biopolitische Machtausübung und das gezielte Ausnutzen der Pandemie hinzuweisen. Die Pandemie hat die unsichtbaren aber für jeden offensichtlichen Grenzen zwischen Geflüchteten auf der einen und Griechen wie Europäern auf der anderen Seite verstärkt. Schon vor der Pandemie war diese Trennung spürbar. Das Eintreten der Pandemie nutzte die Regierung dazu aus, das Camp gänzlich zu isolieren und Geflüchtete davon abzuhalten, sich in der Stadt selbst länger aufzuhalten. Während Einheimischen und Europäern im Lockdown erlaubt war, die Wohnung zum Einkaufen, für Arztbesuche, Hunde-Ausführen etc. zu verlassen, war dies den Geflüchteten im Camp untersagt. Kamen sie dennoch ›illegal‹ zum Einkaufen nach Mytilini und wurden erwischt, wurden sie mit einer Geldstrafe von 150 Euro belegt. Der Zugang zum Camp wurde für in Moria aktive NGOs durch die Corona-Regelungen stark erschwert oder ganz untersagt. Viele NGOs brachen ihre Arbeit in dieser Phase ab. Mit ›No Border Kitchen‹ und ›WISH‹ schafften wir es immer wieder, neue Wege zu finden, um unsere Arbeit fortzuführen.«

Medien stellen Flüchtlinge als Gefahr dar

»Der Punkt, der mich aber dann gänzlich erschüttert hat, kam etwas später, als der Lockdown im Mai temporär Stück für Stück aufgehoben wurde. Bars und Cafés öffneten. Einheimische, Zugereiste und Touristen konnten sich wieder frei bewegen. Für Geflüchtete war dies nicht möglich. Zugleich wurden sämtliche Flüchtlingslager in Griechenland, nicht nur auf Lesbos, ›zum Schutz der öffentlichen Gesundheit‹, wie es hieß, mit einer immer wieder verlängerten Ausgangssperre belegt. Meist wurde die Verlängerung erst am Tag, an dem die letzte Ausgangssperre enden sollte, verkündet. Als ich einen Freund fragte, ob er mit der Zeit die Hoffnung verliere, sagte er: ›Es trifft uns immer am Härtesten. Aber wir hoffen, dass dieses Regime von Ausgangssperren gegen uns tatsächlich einmal endet‹. Griechische Medien führten in dieser Zeit einen Diskurs, der die Bewohner*innen der Camps Moria und Kara Tepe immer

wieder als eine Gefahr für die Inselbevölkerung darstellte, obwohl der erste positive Covid-Fall auf Lesbos unter der griechischen Bevölkerung aufgetreten war.«

Corona-Epilog: Anfang Juni 2021 erhalten die ersten Menschen im provisorischen Lager Kara Tepe eine erste Impfung, Monate nachdem die Impfungen für alle anderen Menschen begonnen haben. Während die griechische Regierung von einem entscheidenden Schritt bei der Hilfe der Menschen spricht, warnt Siniparxi, der Verein für Koexistenz, den wir zu Anfang des Buchs vorgestellt haben, auf Facebook und in griechischen Medien vor einer Verdrehung der Fakten:

»In den letzten anderthalb Jahren sind in Mytilini und den Dörfern auf Lesbos Hunderte von Bürgern erkrankt und mehr als 50 Menschen ums Leben gekommen. Diese Fälle haben nichts mit der Anwesenheit von Flüchtlingen zu tun. Das Covid-Virus wird vielmehr von Außenstehenden in das Lager importiert, und nicht von dort exportiert. (...)«

»Die Menschen im Lager haben den gleichen Anspruch, um in kürzester Zeit Immunität zu erreichen. Das Corona-Virus kann nicht als Vorwand verwendet werden, um Menschen einzusperren und gleichzeitig die wahren Gründe für die Ausbreitung der Pandemie zu verbergen.«

Lagerbewohner mit Strafmandat, weil während der Pandemie ohne Erlaubnis in Mytilene unterwegs

Fremd unter Krippenfiguren, Mytilene

Sakrament für Flüchtlinge in der katholischen Kirche, Mytilene

Restaurant-Team aus Einheimischem und Schutzsuchenden, Golf von Gera
Einheimischer Angler und Bewohnerin aus Moria begegnen sich an der Hafenpier von Mytilene

Grafitto, Mytilene
Afghanische Familie auf dem Weg zum Lager

Yet another grave

In the century of my endless skin
I am tired of creating graves
Tired of walking upon them
Stumbling
In search of my own ...

Shamshaid Jutt, Moria 2016

ZWISCHEN-WELTEN III
Flüchtlinge und
Einheimische auf
Lesbos

Murmelspiel. Moria

Erschrockener Olivenbaum

Drachen aus Plastikmüll, unabhängige Schule der Flüchtlinge, Moria

Flüchtlinge bauen ihre eigenen Zeltfundamente, Winter 2018, Moria
Kulinarische Nabelschnur zur Heimat: Brot aus dem Tandoor-Backofen, Moria

Offene Feuerstelle: Kochen trotz Kochverbot, Kara Tepe

Essensschlange Kara Tepe

Nächste Seite: Wohnbedingungen, die allen Vorgaben widersprechen, Moria

Tischler, Ayasos
Schneider, Moria

Sich türmende Spendenlieferungen für Flüchtlinge, Mytilene,
Ärzte und Psychologen diagnostizieren regelmäßig frühkindliche Verzweiflung und Depression bei Kindern in Moria und Kara Tepe
Nächste Seite: Hafen von Mytilene: Unsichere Weiterfahrt mit Asylbescheid auf das Festland

Die Menschen können nur einander erlösen.
Darum verkleidet sich Gott als Mensch.

Elias Canetti

Unabhängig von der Seite der Grenze, auf der wir
uns befinden, sind wir jedenfalls alle Migranten,
mit einer befristeten Aufenthaltserlaubnis für
diese Erde. Wir sind lediglich auf der Durchreise
und nicht aufzuhalten.

Gazmend Kapplani

Der einzige Ausweg wär aus diesem Ungemach:
Sie selber dächten auf der Stelle nach
Auf welche Weis dem guten Menschen man
Zu einem guten Ende helfen kann.
Verehrtes Publikum, los, such dir selbst den Schluss!
Es muss ein guter sein, muss, muss, muss!

Bertolt Brecht

DIE SICHT DER WISSENSCHAFT
»Eine Kultur der systematischen Unzuständigkeit«

Was von den Aussagen der Zeitzeug:innen, die ich über die letzten Jahre auf Lesbos getroffen haben, stimmt nun? Welche Aussagen können, über die subjektive persönliche Sicht hinaus, Allgemeingültigkeit beanspruchen und sind gar relevant für die wissenschaftliche Auseinandersetzung über Moria? Bei der Beantwortung dieser Frage ist mir eine Studie im Auftrag von medico international zur Hilfe gekommen, die zwischen November 2020 und März 2021 entstand, also kurz nachdem ich die Befragung meiner Zeitzeug:innen beendet hatte. Sie entspricht am Ehesten den Beobachtungen und Ergebnissen, zu denen ich in den vergangenen Jahren auf Lesbos durch meine Recherche komme. Der Autor der Studie, Maximilian Pichl, schlüsselt hier nicht nur das systematische Versagen und die Negierung von Verantwortung im Lager Moria unter wissenschaftlichen Kritierien auf. Er kritisiert auch Helfer und Hilfsorganisationen in dem, was auf Lesbos mittlerweile eine Hilfs-Industrie geworden ist. Für die Studie hat er u.a. Stimmen und Organisationen herangezogen, die ich oben im Buch vorstelle und die hier in vertieft behandelt werden. Die Studie ist hier gekürzt in wesentlichen Passagen wiedergegeben.

Maximilian Pichl ist Rechts- und Politikwissenschaftler und wissenschaftlicher Mitarbeiter an der Goethe-Universität Frankfurt am Main. Seine Recherche und Befragungen zu der Studie fanden zwischen Winter 2020 und Frühjahr 2021 statt. In der Zusammenschau ergänzen und die Aussagen der Studie jene der Zeitzeugen, die weiter oben erzählen und Rechenschaft ablegen, wie auch die Aussagen der Zeitzeugen die Studie untermauern.

Maximilian Pichl, Auszug aus »Der Moria-Komplex«

Das Scheitern der EU und ihrer Mitgliedstaaten in Moria

(...) Der deutsche Entwicklungshilfeminister Gerd Müller (CSU) sagte nach einem Besuch im Lager Moria: »Wer einmal in diesem Lager war, der wird nicht von Flüchtlingslager sprechen, sondern von einem Gefängnis.« Er schob hinterher: »Und ich sage es noch mal: Ich war im Südsudan, Nordirak, im Dadaab, dem größten afrikanischen Flüchtlings-Camp. Nirgendwo herrschen solche unterirdischen Zustände. Das heißt, jetzt muss sofort geholfen werden. Die Menschen müssen verteilt werden.«/1

Minister Müller brachte auf den Punkt, was viele Politiker:innen verschleiern wollen: Die EU hat auf den griechischen Inseln Zustände hervorgebracht und geduldet, die konträr zu den Standards des europäischen Werte- und Rechtssystems stehen, folglich kann nur die Umverteilung der Geflüchteten unter Berücksichtigung ihrer Bedürfnisse, nicht ihr weiteres Festsetzen in den Lagern ein verantwortungsvoller politischer Schritt sein. Doch diese Verantwortung will in der EU niemand übernehmen. Der Moria-Komplex demonstriert das Scheitern der griechischen Regierung, der Europäischen Union und der EU-Mitgliedstaaten in der Flüchtlingspolitik.

Die Verantwortung der griechischen Regierung

Der Begriff »Hotspot« stammt eigentlich aus dem militärischen und sicherheitspolizeilichen Wortschatz und bezeichnete bestimmte räumliche Zonen, in denen der Einsatz des Militärs oder verstärkte Polizeikontrollen als notwendig erachtet werden./2 Vor diesem Hintergrund ist es nur konsequent, dass zunächst das griechische Verteidigungsministerium unter dem Rechtsnationalisten Panos Kammenos von der ANEL-Partei mit dem Aufbau der EU-Hotspots betraut wurde – später übertrug man die Verwaltung der Lager auf das neu geschaffene Migrationsministerium in Athen. Doch bis heute übernimmt das griechische Militär eine zentrale Rolle bei der Verwaltung der Camps, der Flüchtlingsaufnahme oder der Verteilung von Nahrungsmitteln. Dabei hat das Militär keine Qualifikation für die Flüchtlingsaufnahme.

Griechenland hat von der EU seit 2015 über den Asylum Migration Integration Fund (AMIF) und den Internal Security Fund (ISF) circa 2,8 Milliarden Euro für die Flüchtlingsaufnahme und -versorgung erhalten: »Das ist im Verhältnis zur Zahl der Aufgenommenen mehr, als jedes andere Land der Welt pro Kopf bekommen hat«./3

Unklar ist, wie viel von dem Geld tatsächlich in die Flüchtlingsaufnahme geflossen ist und wie viele Gelder nicht abgerufen wurden./4

Dennoch drängt sich anhand dieser Summen die Frage auf, warum es mit solchen Mitteln nicht gelingt, eine europarechtskonforme und menschenwürdige Aufnahme zu gewährleisten. Auch in der EU stellt man sich offenbar diese Frage. Seit 2018 ermittelt die Brüsseler Antikorruptionsbehörde OLAF, ob europäische Gelder, die für die Flüchtlingsaufnahme gedacht waren, zweckentfremdet wurden. Eine abschließende Bewertung des Sachverhalts steht bislang noch aus. Dass es im griechischen Staatsapparat Korruption gibt, ist hingegen hinlänglich bekannt.

Im Falle der Gelder für die Flüchtlingsaufnahme hatte die Zeitung FILELEFTHEROS in einem Artikel vom September 2018 behauptet, Gelder der EU seien an Wirtschaftspartner des Verteidigungsministers Kammenos geflossen, die sich u.a. um die Lebensmittelversorgung kümmern sollten. Laut der Zeitung verzichtete man dabei auf ordentliche Ausschreibungen der Verträge. In Reaktion auf den Artikel erfolgten strafrechtliche Ermittlungen gegen drei Journalist:innen der Zeitung, die dann auch kurze Zeit in Untersuchungshaft saßen. Panaiotis Lampsias, Chefredakteur von Fileleftheros sagte, »das Geld war vorhanden, um das Lager in ein Zentrum zu verwandeln, das dem Hilton-Hotel hätte ähneln können. Stattdessen ist Moria eine nationale Schande geworden.«/5

Die griechische Regierung hat die Aufnahme und Versorgung von Geflüchteten in den Lagern in Teilen auch an internationale Organisationen und private Hilfsorganisationen outgesourct – behält dabei aber die administrative und polizeiliche Kontrolle über das Camp. Wie das System des gegenseitigen Hin- und Herschiebens von Verantwortung funktioniert, demonstrierte der griechische Migrationsminister Notis Mitarachi in einem Interview, das er Anfang Februar 2021 der ZEIT gegeben hat./6

Auf die Frage, warum die Geflüchteten den Winter trotz des vielen Geldes der EU in Zelten verbringen müssen, sagte er, das UN-Flüchtlingshilfswerk koordiniere diese Aufgabe. »Die Duschen und Toiletten bauen nicht wir, sondern die Nichtregierungsorganisationen. Für die Sanitäranlagen ist UNICEF zuständig.« Er gebe für die Zustände niemandem die Schuld, auch nicht den Nichtregierungsorganisationen. »Ich sage nur, dass wir uns gemeinsam mit der Europäischen Kommission entschieden haben, das Geld und die Aufträge für diese grundlegenden Dienstleistungen direkt an diese Organisationen zu vergeben.« (...)

Der Moria-Komplex zeichnet sich durch eine Unzuständigkeitsstruktur aus, durch eine selektive An- und Abwesenheit staatlicher Souveränität: (...) Wenn es Probleme in der materiellen Versorgung der Geflüchteten gibt, keinen Zugang zu gesunden Lebensmitteln oder einer funktionierenden Gesundheitsversorgung, behauptet die Regierung schlicht, andere Akteur:innen im Lager hätten diesen Teil der Verwaltung übernommen. (...) Nur kann man gegen internationale Organisationen und private Hilfsorganisationen kaum juristisch vorgehen. Eigentlich ist das europäische Recht in dieser Hinsicht eindeutig: Die Staaten können sich nach der EU-Aufnahmerichtlinie und EU-Asylverfahrensrichtlinie nicht ihrer Pflichten entledigen, denn die Flüchtlingsaufnahme und das Asylverfahren sind genuine hoheitliche Aufgaben. Doch solche juristischen Verantwortlichkeiten vor Gericht zu erstreiten ist schwierig./7 Was in Moria fehlt, ist staatliche Souveränität. Und zwar staatliche Souveränität in ihrer Form, Rechte zu gewähren und Staaten haftbar zu machen, wenn Rechte verletzt werden.

Die Verantwortung der Europäischen Union

Die Europäische Union ist durch ihren Hotspot-Ansatz und den »EU-Türkei-Deal« verantwortlich dafür, die Ursachen für die Unzuständigkeitsstruktur und die systematische Entrechtung von Geflüchteten in den Lagern geschaffen zu haben.

Das Hotspot-System sollte ursprünglich dazu dienen, Orte an der Außengrenze zu identifizieren und zu bestimmen, an denen die EU die Mitgliedstaaten bei der Rechtsanwendung operativ unterstützt. Die EU hat das Hotspot-Konzept aber nie in das Europarecht überführt, es ist eine weitgehend informelle Rechtspraxis geblieben, die den Exekutivorganen vor Ort einen weiten und kaum rechtlich kontrollierbaren Gestaltungsspielraum einräumt./8

Durch das Hotspot-Konzept sind die EU-Agenturen, vor allem Frontex (Europäische Agentur für die Grenz-und

Küstenwache) und EASO (Europäisches Asylunterstützungsbüro), in den Lagern und rund um diese ständig präsent. EASO ist unter anderem dafür zuständig, Anhörungen in den sogenannten Unzulässigkeitsverfahren durchzuführen, in denen entschieden wird, ob die Türkei für die antragsstellende Person ein angeblich »sicherer Drittstaat« ist. Trifft dies nach Ansicht von EASO zu, folgen die griechischen Behörden dieser »legal opinion« auch in der Regel./9

(...) Mit Frontex ist eine weitere zentrale Agentur der EU auf den griechischen Inseln im Einsatz. Schon lange haben Akteur:innen wie Alarmphone/Watch the Med oder Mare Liberum Rechtsbrüche der Agentur in der Ägäis bzw. illegale Pushbacks durch die griechische Küstenwache unter Anwesenheit von Frontex dokumentiert./10

Diese Vorwürfe wurden zuletzt durch investigative Recherchen des SPIEGEL und Bellingcat sowie der sogenannte »Frontexfiles«/11 auch in größeren Medien belegt, wodurch Frontex deutlich unter öffentlichen Druck geraten ist. Die Agentur beherrscht das Spiel der gegenseitigen Zuschiebung von Verantwortung jedoch meisterhaft: Da die Befehlsgewalt für Einsätze letztlich bei den Mitgliedstaaten liege (»command and control«), sei Frontex für Menschenrechtsverletzungen, die im Rahmen von Operationen passieren, nicht verantwortlich. Dabei spricht nicht nur die Frontex-Verordnung mittlerweile von einer »dualen Verantwortlichkeit« zwischen der Agentur und den Mitgliedstaaten/12, sondern zahlreiche journalistische Berichte legen nahe, dass die Grenzagentur in gewaltsame Push-Backs verwickelt ist./13

Die Verantwortung von EU-Mitgliedstaaten wie Deutschland

(...) Die deutsche Bundesregierung (...) ist in die unmenschlichen Zustände auf den griechischen Inseln verstrickt. Es war Bundeskanzlerin Angela Merkel, die energisch auf das Zustandekommen des »EU-Türkei-Deals« hinarbeitete, der letztendlich die Lager auf den Inseln in eine Unzuständigkeitsstruktur überführt und die Entrechtung von Geflüchteten bewirkt hat. (Nach dem Brand von Moria erklärte sich die Bundesregierung nach massiven öffentlichen Protesten letztendlich bereit, einen kleinen Teil der unbegleiteten minderjährigen Flüchtlinge aufzunehmen.) (...)

Die Aufnahme von Geflüchteten durch die Mitgliedstaaten wird in der Regel mit einer »schnellen Hilfe« und einem »moralischen Humanitarismus« begründet. Eine solche Form des »humanitären Regierens« führt dazu, dass die bloß freiwillige humanitäre Hilfe die durchsetzbaren Ansprüche und Rechte von Marginalisierten in den Hintergrund treten lässt, schreibt der Ethnologe Didier Fassin./14

Im Falle der Umverteilung von Geflüchteten und der angeblich »großzügigen Aufnahmebereitschaft Deutschlands« geht verloren, dass die deutsche Bundesregierung systematisch die Rechte von Asylsuchenden missachtet. Geflüchteten, die bereits Familienangehörige in Deutschland haben, steht nach der Dublin-III-Verordnung das Recht zu, nach Deutschland einzureisen und dort das Asylverfahren fortzusetzen. (...) Sowohl 2018 als auch 2019 lehnten die deutschen Behörden jeweils zwischen 60 und 75 Prozent der Übernahmeersuchen aus Griechenland ab. Und dabei fallen Schätzungen von Hilfsorganisationen zufolge 30–40 Prozent der Minderjährigen in Griechenland unter die Familien-Zusammenführungsregelungen der Dublin-III-Verordnung./15

Die »humanitäre Regierung« wirkt sich unmittelbar auf das Flüchtlingsrecht aus. Wem geholfen wird und welche Personen aus den Lagern verteilt werden, entscheidet sich nicht mehr vorrangig über die Fluchtgründe, die in der Genfer Flüchtlingskonvention normiert sind, sondern anhand der Vulnerabilität, also einer besonderen Verletzlichkeit. Aber das internationale Flüchtlingsrecht garantiert nicht nur der Familie mit Kindern, sondern auch dem alleinstehenden 20-jährigen Mann Schutz, wenn seine Gründe zu fliehen den Kriterien der Genfer Flüchtlingskonvention entsprechen.

Die als humanitär angepriesenen Umverteilungsaktionen von den Inseln durch die EU-Mitgliedstaaten, allen voran der deutschen Bundesregierung, höhlen den Flüchtlingsschutz aus, wenn die Verletzlichkeit, nicht der rechtliche Schutzstatus an erster Stelle steht. Wenn legale Zugangswege und die subjektiven Rechte von Geflüchteten auf diese Weise ausgehebelt werden, dann wird der Rechtsstaat durch eine exekutive Politik der Gnade ersetzt. (...)

Nächste Seite: Verlassener Tandoor-Backofen nach dem Brand in Moria

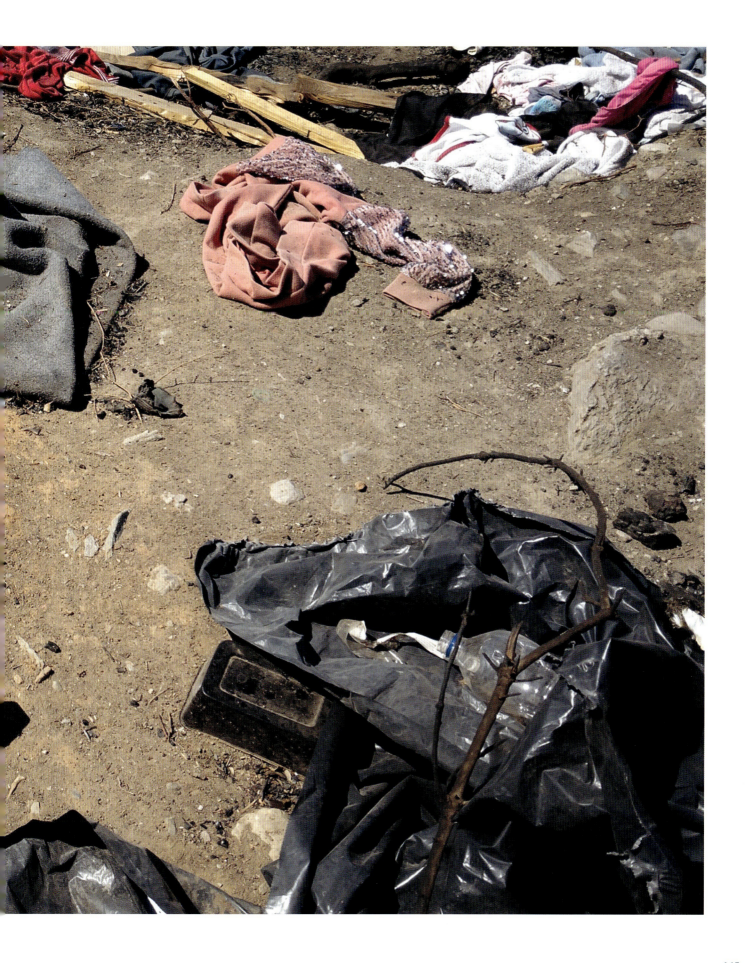

Die »Favelas« auf den griechischen Inseln

(...) In Moria gab es mafiöse Strukturen, Bordelle, Drogenhandel, Schattenwirtschaft. »Flüchtlingsrechte können nicht in Lagern und Siedlungen geschützt werden«, konstatierten die Wissenschaftler:innen Guglielmo Verdirame und Barbara Harrell-Bond in ihrer Untersuchung von Flüchtlingslagern in Subsahara-Afrika. »Wir haben herausgefunden, dass in Flüchtlingslagern das Recht des Aufnahmestaates praktisch nicht mehr angewendet wird; Lager sind Orte jenseits des Rechtsstaates«./16
(Mit dem Moria-Komplex sind solche Zustände auch auf dem europäischen Territorium entstanden.)

Das Scheitern der Vereinten Nationen

Von Anfang an sind in den Moria-Komplex auch Organe der Vereinten Nationen verwickelt, allen voran das UN-Flüchtlingshilfswerk (UNHCR) und Unicef. Das Mandat von UNHCR ist eigentlich eindeutig. In der Präambel der Genfer Flüchtlingskonvention steht, die vertragsschließenden Staaten haben beschlossen, »dass dem Hohen Kommissar der Vereinten Nationen für Flüchtlinge die Aufgabe obliegt, die Durchführung der internationalen Abkommen zum Schutz der Flüchtlinge zu überwachen« – und zwar in Zusammenarbeit mit den Staaten. UNHCR soll also die Rechte von Geflüchteten verteidigen und die Staaten zur Einhaltung ihrer völkerrechtlichen Pflichten ermahnen. Das tut die Organisation auch immer wieder.

UNHCR und das Katastrophennarrativ

(...) Im Sommer 2015 rief UNHCR in Europa den Katastrophenfall aus. (...) 2015 war der humanitäre Kriseneinsatz gerechtfertigt, aber fünf Jahre danach ist klar, dass die Verhältnisse in den EU-Hotspots politisch verursacht sind. UNHCR hat prinzipiell daran festgehalten, auf den griechischen Inseln so zu agieren, als handele es sich weiterhin um eine humanitäre Krise. Dadurch wurde der rechtebasierte Ansatz von UNHCR in den Hintergrund gedrängt. UNHCR ist auf den griechischen Inseln vielfältig in die Lagerstrukturen eingebunden, vom Aufbau der Infrastruktur, über die Unterbringung bis hin zur Essensausgabe./17 Die griechische Regierung hat Aufgaben, die nach der EU-Aufnahmerichtlinie den Mitgliedstaaten obliegen, an UNHCR als internationale Organisation ausgelagert. Das macht es für die Bewohner:innen des Lagers schwirig, Verantwortlichkeiten zu benennen, wenn etwas nicht funktioniert. (...) Begleitet vom Narrativ einer »humanitären Katastrophe« und durch zusätzliche finanzielle Unterstützung, vergrößerte UNHCR zudem seinen Personalbestand in Griechenland auf über 600 Beschäftigte. Dabei bildete sich ein Personalsystem heraus, wie Journalist:innen berichten, in welchem die internationalen Mitarbeiter:innen von UNHCR erheblich mehr verdienen als die griechischen Beschäftigten vor Ort./18 Gerade vor dem Hintergrund der Wirtschaftskrise verschärfte ein solches Entlohnungssystem Konflikte unter den Beschäftigten. Der vielfach erhobene Vorwurf, Griechenland sei durch die Wirtschafts- und Flüchtlingskrise doppelt durch die EU und internationale Organisationen kolonisiert worden/19, verdichtet sich auch in diesem Zusammenhang./20

(...) Akteur:innen aus den Rechtsberatungsstrukturen auf den Inseln erzählen, dass UNHCR in einem Interessenskonflikt steht: Die Organisation soll ihrem Mandat entsprechend überwachen, ob die Rechte von Geflüchteten in den Aufnahmestrukturen gewahrt werden und ist selbst Teil davon. UNHCR formuliert kaum Kritik an den Asylentscheidungen, die in den EU-Hotspots getroffen werden – dabei ist es die Hauptaufgabe des Flüchtlingshilfswerks, die Rechte von Flüchtlingen im Asylverfahren zu garantieren.

UNHCR und die Krise der Menschenrechte

Die Rolle von UNHCR auf den griechischen Inseln ist Ausdruck einer größeren Krise des menschenrechtsbasierten Systems. Durch den globalen Aufschwung von autoritären Akteuren, wie Donald Trump, Jair Bolsonaro oder der Neuen Rechten in Europa, stellen immer mehr Staaten offensiv in Frage, sich an die Verpflichtungen aus den Völkerrechts- und Menschenrechtsabkommen zu halten. Die globale Kampagne der extremen und neuen Rechten gegen den Global Compact for Migration und den Global Compact on Refugees zeigt dies deutlich. Die Arbeit von UNHCR ist von diesen Entwicklungen stark beeinflusst. (...) Zudem befindet sich UNHCR in einem starken Konkurrenzkampf mit der Internationalen Organisation für Migration (IOM), die seit 2018 einen verwandten Status bei den Vereinten Nationen erhalten hat. IOM ist in den vergangenen Jahren immer stärker operativ in den Flüchtlingssektor eingedrungen. Auch auf Lesbos hat die Organisation ihren Einfluss ausbauen können. Sie ist dort aktiv in der Beratung für die »freiwillige Rückkehr«, sagt die Migrationsforscherin Valeria Hänsel von der Universität Göttingen – obwohl von »Freiwilligkeit« keine Rede sein könnte, nehme diese gegenüber Abschiebungen die weitaus wichtigere Rolle bei der Rückführung von Geflüchteten ein. Genau solche Aktivitäten machen IOM für die Nationalstaaten interessant. Der Politikwissenschaftler Fabian Georgi nennt ein Bündel von Aspekten, warum die Staaten des Globalen Nordens IOM gegenüber UNHCR bevorzugen: »Effizienz und niedrige Kosten für Dienstleistungen (statt zu viel Bürokratie und hohe Kosten), schnelle Reaktion auf Wünsche von Mitgliedsregierungen (statt eine eigene Agenda), nicht-normative Praxis (anstatt Regierungen öffentlich zu kritisieren) und unabhängige Entscheidungsstrukturen (statt Kontrolle durch das UN-Generalsekretariat)«./21 (...)

Das Scheitern des Rechts: Warum es kaum gelingt, den Moria-Komplex rechtlich anzugreifen

Man muss kein Jurist sein, um zu erkennen, dass die EU-Hotspots systematisch Menschenrechte verletzen. Dabei steht Flüchtlingen und Asylsuchenden ein ganzes Bündel von Rechten aus dem internationalen und europäischen Recht zu. Die Genfer Flüchtlingskonvention garantiert Flüchtlingen einen ungehinderten Zugang zu Gerichten (Artikel 16 GFK), die Erlaubnis arbeiten zu dürfen (Artikel 17, 18 und 19 GFK) sowie die gleiche Behandlung durch die öffentliche Fürsorge, wie sie den eigenen Staatsangehörigen des Aufnahmestaates zusteht. Die europäische Aufnahmerichtlinie ist hinsichtlich der Rechte von Asylsuchenden noch konkreter. Artikel 21 der Richtlinie garantiert beispielsweise besonders schutzbedürftigen Personen, wie (unbegleiteten) Minderjährigen, Behinderten, älteren Menschen, Schwangeren, Alleinerziehenden, Opfern des Menschenhandels oder Personen mit psychischen Störungen den Zugang zu einer angemessenen Behandlung. Ein Großteil der Asylsuchenden, die sich auf den griechischen Inseln aufhalten, dürfte unter diese Bestimmung fallen. Tausende unterversorgte Kinder befinden sich auf den Inseln, laut Ärzte ohne Grenzen nehmen unter ihnen Depressionen und Suizidversuche zu.

Rechtskämpfe vor griechischen Gerichten

Versuchten Anwält:innen die Zustände auf den Inseln vor griechischen Gerichten juristisch aufzuarbeiten, ging es vor allem um die Freilassung von (besonders schutzbedürftigen) Mandant:innen aus den Lagern oder die Rüge mangelhafter Asylbescheide. In Fällen von besonders Schutzbedürftigen Geflüchtete hatten solche juristischen Interventionen auch immer wieder Erfolg vor Gericht. Es gelang aber nicht, den »EU-Türkei-Deal«, das Konzept des sicheren Drittstaates (abgesehen von Einzelfällen), die mangelhaften Verfahren oder die Zustände in den Lagern grundlegend zu verändern.

Dass trotz des »EU-Türkei-Deals«, des 1:1-Mechanismus und zum Teil erfolgloser Rechtskämpfe es kaum zu Abschiebungen von den Inseln kommt, hat nach Ansicht der Migrationsforscherin Valeria Hänsel mit einem Bündel von Gründen zu tun. Erstens könne die Türkei durch den Deal ihre Machtposition gegenüber der EU ausnutzen, am deutlichsten wurde dies im März 2020, als die Regierung aus Ankara den Deal kurzzeitig einseitig aufkündigte. Zweitens gab es nie Institutionen und Infrastrukturen, um das 1:1-Konzept wirklich umzusetzen. Drittens gab es Rechtskämpfe gegen die Behandlung der Türkei als sicheren Drittstaat und Rückführungen sind juristisch hoch umstritten. Viertens spiele auch der geopolitische Konflikt zwischen Griechenland und der Türkei in die brüchige logistische Zusammenarbeit hinein. Und fünftens habe auch die Corona-Pandemie dem System der Rückführungen Brüche hinzugefügt. Stattdessen versucht der griechische Staat, mehr auf freiwillige Rückführungen mittels der IOM zu setzen – ein System, das juristisch kaum angreifbar ist, weil die Betroffenen »freiwillig«, nicht zwangsweise rückgeführt werden.

Dass die Geflüchteten auf den Inseln bleiben müssen, hängt vor allem mit der Residenzpflicht zusammen, die ins griechische Asylrecht eingeführt wurde. Ob diese aber den Vorgaben des Europarechts entspricht (Art. 7 EU-Aufnahmerichtlinie), lässt sich kaum überprüfen: »Das Problem ist, dass es im griechischen Recht keinen Rechtsbehelf gibt, um sich unmittelbar auf die Aufnahmerichtlinie zu berufen«, sagt Robert Nestler, Jurist der NGO Equal Rights Beyond Borders, die in Kooperation mit griechischen Anwält:innen Geflüchtete auf den Inseln juristisch unterstützt. Und es sind immer die gleichen Gerichte, die über die Beschwerden der Asylsuchenden entscheiden. Hat sich aber einmal eine bestimmte Linie der Rechtsprechung etabliert – in diesem Falle eine restriktive Linie gegenüber den Rechten von Asylsuchenden – dann ist es kaum möglich, diese zu korrigieren.

(…) Auch wenn die zahlreichen juristischen Beratungsstrukturen auf den Inseln – das Legal Centre Lesbos, Refugee Support Aegean, Equal Rights Beyond Borders, die European Lawyers in Lesvos, die Refugee Law Clinics Abroad oder HIAS – unter den gegebenen Bedingungen das Bestmögliche an Rechtsberatung und -unterstützung herauszuholen versuchen, mangelt es an Ressourcen, um Rechtsverfahren führen zu können. (…)

Außerdem sei es oft schwierig, die juristischen Erfolge in der Öffentlichkeit zu kommunizieren. Entweder ist die juristische Materie kompliziert und unzugänglich oder die Anwält:innen entscheiden sich bewusst dafür, erfolgreiche Rechtsverfahren nicht publik zu machen, aus Sorge, dass die politischen Verantwortlichen aus dem griechischen Behördenapparat versuchen, Druck auf die Justiz auszuüben. Denn das griechische Rechtssystem auf den Inseln ist spätestens seit dem »EU-Türkei-Deal« massiv politisiert. Das heißt, in den Verfahren geht es nicht mehr alleine um rechtliche Fragen, sondern auch um die politischen Folgen von Urteilen.

Rechtskämpfe vor europäischen Gerichten

(…) Nur wer Kontakt zu Rechtsberatungsstrukturen bekommt, hat überhaupt eine Chance, über den gerichtlichen Weg die Lager verlassen zu können. Und selbst erfolgreiche Klagen im Einzelfall scheitern an der Umsetzung. »Die griechischen Behörden und die Lagerleitung werten jedes juristische Mittel als Affront«, sagt Robert Nestler. Seine Organisation hat die Erfahrung gemacht, dass die griechischen Behörden geschickte Wege gefunden haben, um die Umsetzung von Gerichtsentscheidungen zu sabotieren oder Abschiebungen ohne rechtsstaatliche Kontrolle durchzuführen. Urteile werden zum Teil schlicht ignoriert oder deren Umsetzung über Monate, wenn nicht gar Jahre, verschleppt. Das Kalkül ist dabei, dass die Rechtsberatungsstrukturen auf den Inseln nur über wenige Kapazitäten verfügen. (…)

Wenn doch einmal Abschiebungen von den Inseln stattfinden, führen die Behörden diese oft am Wochenende durch – dann arbeitet der EGMR aber in der Regel nicht und die Anwält:innen sind nicht in der Lage, die Abschiebung effektiv aufzuhalten oder zu verzögern, erläutert Nestler. Und schließlich wissen die Behörden mittlerweile sehr genau, welche Einzelfälle das Potenzial haben, das System der Hotspots grundsätzlich infrage zu stellen. Deshalb »lösen« die Behörden Einzelfälle auf dem informellen Weg, indem doch ein Bleiberecht erteilt, die Personen aus dem Lager entlassen oder hohe Entschädigungszahlungen geleistet werden. Dann ist der ursprüngliche Grund für den Rechtsfall entfallen und kann nicht mehr vor einem höchstinstanzlichen Gericht vorgetragen werden.

Juristische Verantwortung der EU-Organe

Schließlich hat eine Sache bisher nicht funktioniert: der EU die Zustände auf den Inseln juristisch anzulasten. In der Regel ist es allenfalls möglich, die griechische Regierung als Stellvertreterin der EU-Migrationskontrollpolitik in Haftung zu nehmen.

Zunächst scheiterten Klagen beim erstinstanzlichen Gericht der EU gegen den EU-Türkei-Deal, indem das Gericht behauptete, die Staats- und Regierungschefs hätten bei der Verhandlung und Unterzeichnung nicht als Unionsorgane gehandelt./22 Mit dieser auch in der Rechtswissenschaft scharf kritisierten Konstruktion/23, die dem Sachverhalt nicht gerecht wurde, hat das Gericht der EU seine Funktion, die rechtsstaatliche Kontrolle, nicht ausgefüllt. Die erfolglose Klage beim Gericht der EU und die darauffolgende fehlgeschlagene Berufung beim EuGH hätten, so Robert Nestler, auch zu einer Entmutigung innerhalb der Rechtsberatungsstrukturen geführt, weitere Klagen nach Luxemburg zu bringen. Seiner Ansicht nach bieten die Aufnahmerichtlinie und die EU-Grundrechtecharta weiterhin Potenzial, das man nicht verschenken sollte, um die menschenunwürdigen Zustände auf den Inseln juristisch anzugreifen.

(…) Klagen beim EGMR gegen Handlungen von EU-Organen sind nicht möglich, weil nur die Mitgliedstaaten, nicht die EU als supranationale Gemeinschaft, die Europäische Menschenrechtskonvention unterzeichnet hat – Straßburg kann daher nicht das Unrecht von EASO und Frontex aufarbeiten. (…) Im Moria-Komplex zeigt sich also wie in einem Brennglas der Versuch der EU, das Asylrecht formal zu erhalten, aber den Zugang zum Rechtsstaat zu versperren.

Das Scheitern der Hilfe

Dass NGOs und internationale Organisationen überhaupt in Flüchtlingslagern Funktionen und Aufgaben in den Verwaltungs- und Aufnahmestrukturen übernehmen, ist ein vergleichsweise neues Phänomen, das erst in den 1980er und 1990er Jahren entstanden ist. Kurz nach dem Zweiten Weltkrieg funktionierten Camps für die sog. »Displaced Persons« anders. Die Lager wurden von Staaten verwaltet und die Bewohner:innen organisierten sich in Räten oder anderen Selbstverwaltungsstrukturen, um ihre Bedürfnisse und Interessen gegenüber der hoheitlichen Gewalt zu vertreten. NGOs, wie man sie heute kennt, gab es noch nicht. (…)

In den griechischen Lagern sind zahlreiche NGOs aktiv, u.a. Movement on the Ground, EuroRelief, Remar, Because We Carry, Drops in the Ocean, Refugees4Refugees, Diotima, Starfish Foundation, Hopeland. Dass Hilfsorganisationen unmittelbare Hilfe leisten, ist typisch für humanitäre Katastrophen, die nicht immer unvorhersehbar, oftmals aber unvermeidlich sind. Aber dass Geflüchtete monate- oder gar jahrelang, manchmal sogar über Generationen hinweg, kaserniert werden und unhaltbaren Zuständen ausgesetzt sind, ist gerade nicht das Ergebnis einer Katastrophe, sondern von politischen Entscheidungen bzw. der Vermeidung von Entscheidungen. Die Einrichtung der Hotspots in der Ägäis fiel in eine Zeit, in der Griechenland massiv von der Wirtschaftskrise betroffen war. Die ohnehin fragilen staatlichen Verwaltungsstrukturen waren schon damit überfordert, die Grundversorgung der eigenen Bevölkerung sicherzustellen – und nun sollte der griechische Staat auch noch die Hauptverantwortung für Geflüchtete an den EU-Außengrenzen übernehmen. In dieser Situation betraute er nicht nur den UNHCR, sondern auch NGOs mit essenziellen Aufgaben der Versorgung von Geflüchteten, darunter der Aufbau von Zelten, die Unterbringung, Wasserversorgung, Bildungsangebote etc. Die Aufgaben, die der Staat an die NGOs auslagert, sind eigentlich klassische hoheitliche Tätigkeiten der Flüchtlingsaufnahme; Obliegenheiten des Staates also, auf die Geflüchtete ein Anrecht haben, und keine fakultativen Dienstleistungen, die vor Ort von NGO-Mitarbeiter:innen und Freiwilligen erbracht werden oder auch nicht.

Gerade diesen Umstand, dass Recht durch Gnade ersetzt wird, müssten NGOs eigentlich kritisieren. Stattdessen werden sie als Auftragnehmerinnen zu Komplizinnen im Moria-Komplex.

»Viele NGOs suchen die Nähe zu staatlichen Institutionen und übernehmen Aufgaben, die eigentlich in öffentlicher Verantwortung liegen sollten«, schreiben Thomas Gebauer, der langjährige ehemalige Geschäftsführer von medico international, und der Schriftsteller Ilja Trojanow in ihrem Buch über humanitäre Hilfe. Die NGOs »sorgen für jene Sozialfürsorge, die Staaten nicht mehr leisten, sei es, weil ihnen dazu die fiskalischen Mittel fehlen oder weil sie darin keine öffentliche Aufgabe mehr sehen. Mit der ›Privatisierung des Staates‹ kommt es zur ›Staatswerdung der NGOs‹«./24

(…) Während die neue griechische Regierung unter Ministerpräsident Mitsotakis die Tätigkeiten einiger Hilfsorganisationen unterstützt oder duldet, geht sie zugleich repressiv gegen kritische NGOs und jede Form des selbstorganisierten Zusammenlebens von Geflüchteten vor/25, wie die erzwungene Räumung des City Plaza Hotel in Athen/26 oder des Camp Pikpa auf Lesbos zeigen.

Organisationen wie EuroRelief, Remar oder Movement on the Ground, haben ein »Volunteer«-System aufgebaut, durch das Personen ohne Vorerfahrungen in der Flüchtlingshilfe in die Hotspots entsendet werden. Es handelt sich also nicht um professionelle Sozialarbeiter:innen aus der Flüchtlingshilfe, die über diese Organisationen entsendet werden, sondern um überwiegend unqualifizierte Freiwillige. Youtube-Videos, Instagram- und Facebookposts der Organisationen zeigen fröhliche junge Leute beim Aufbau von Zelten oder bei der Essensausgabe, um so neue Freiwillige anzuwerben und gleichzeitig Spenden zu generieren.

(…) Die Times schrieb in einem Artikel vom Februar 2020, »junge, ungeschulte und unqualifizierte Besucher seien an Griechenlands Küsten angekommen, die die Probleme, mit denen sie sich befassen möchten, versehentlich verschlimmern können.«/27 (…)

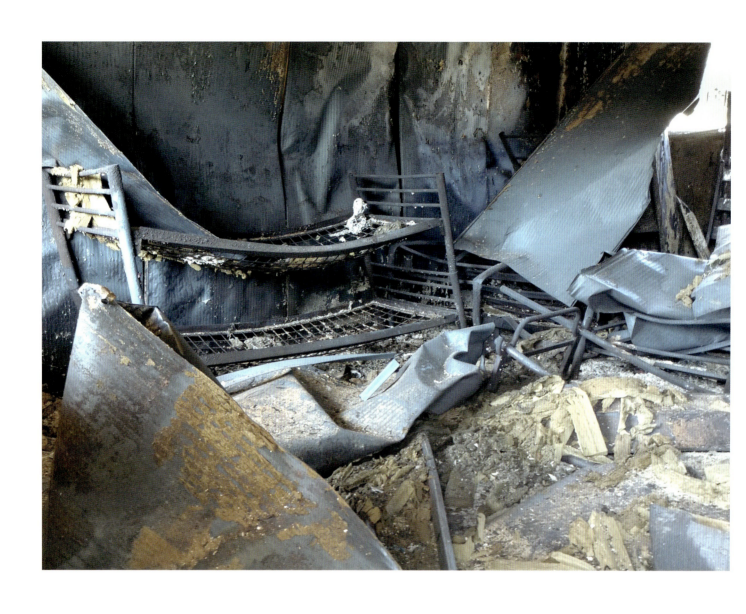

Etagenbetten, in einer Unterkunft für unbegleitete Minderjährige, Moria nach dem Brand
Reste von Besteck in der Brandasche

Die »Goldmine« Moria

Warum handeln die privaten Hilfsorganisationen auf diese Weise? Warum sind sie Teil des Problems? »Follow the Money« ist in diesem Fall die Antwort. In regelmäßigen Abständen fließen immense Summen privaten Kapitals in die Hilfsstrukturen auf den Inseln.

Oft ist unklar, wie das Geld überhaupt eingesetzt wird. »Die taz hat 18 auf Lesbos aktive Hilfsorganisationen gefragt, wie viele Spenden sie seit dem Brand gesammelt haben und wofür sie diese ausgeben konnten. Neun NGOs antworteten. Sie gaben an, seit dem Brand 5,8 Millionen Euro gesammelt zu haben. Vier Millionen Euro davon sollen bereits für Nothilfe, Notunterkünfte und konkrete Hilfsprojekte ausgegeben worden sein. (...)«/28

(...) Shirin Tinnesand (Stand by me Lesvos, Anm. d. A.*) sagt, dass praktisch alle Akteur:innen, inklusive vieler Hilfsorganisationen, ob intendiert oder nicht, von den chaotischen Zuständen in den Lagern, der Unzuständigkeitsstruktur profitieren. Die lokale Wirtschaft und der Staat profitieren vom »Tourismus der Freiwilligen«, die Freiwilligen können ihr Engagement im Lebenslauf nennen, Journalist:innen schreiben Artikel, erstellen Fotografien und Dokumentation, die sie Redaktionen anbieten, Akademiker:innen publizieren Bücher und Texte über das Elend und nehmen an wissenschaftlichen Panels teil. All das passiere nicht unbedingt vorsätzlich, aber es ist ein Effekt dieses Lagersystems. Es gibt also mittlerweile ein Eigeninteresse einiger Hilfsorganisationen daran, dass diese Lager bestehen bleiben.

(...) Von dem privaten Geld, das in die Arbeit der Hilfsorganisationen geflossen ist, hätte man stattdessen viele Anwält:innen bezahlen können. (...) Das Entrechtungssystem an den EU-Außengrenzen folgt weder einer humanitären noch einer ökonomischen Effizienzlogik, sondern ist überwölbt vom Ziel, Geflüchtete vom europäischen Territorium um jeden Preis fernzuhalten.

Das neue Lager: Schwindende Solidarität, NGO-Gesetze und der New Pact on Migration and Asylum

(...) (Das neue und behelfsmäßige Lager in Mavrovouni (oder Kara Tepe, auch Moria2 genannt) wurde vom griechischen Militär direkt an der Küste errichtet. Überschwemmungen sind Alltag im Lager, die Zelte von UNHCR sind laut Beobachter:innen vor Ort so dicht beieinander, dass die Brandschutzvorschriften verletzt werden. Und auf Initiative von Human Rights Watch hat die griechische Behörde für Geologie und Bergbauforschung erhöhte Bleiwerte im Boden des Lagers festgestellt, die für Kinder schädlich sind./29 Fotoaufnahmen sind polizeilich untersagt, Journalist:innen haben keinen offiziellen Zugang mehr zum Camp. Zugelassen werden vor allem die »unpolitischen« Organisationen, diejenigen, die den Moria-Komplex mittelbar stützen und die Entrechtungsstruktur unangetastet lassen.

Dies ist bereits ein Vorgriff darauf, was die Regierung aktuell plant: Ein noch verschärfteres NGO-Gesetz, das Mitarbeiter:innen von Hilfsorganisationen per Verschwiegenheitserklärung untersagen soll, Informationen über die Probleme in den Lagern an Dritte weiterzugeben.

Die EU plant derweil ein neues Lager auf der Insel, das bis September 2021 errichtet werden soll./30 Zusätzlich wurde eine EU-Taskforce eingesetzt, die mit der griechischen Regierung zusammenarbeitet. »Das neue Lager soll neben einer Mülldeponie gebaut werden«, berichtet die Journalistin Franziska Grillmeier. Es wäre dann in die Mitte der Insel verbannt, wo die Bewohner:innen der Insel nicht mehr zufällig beim Einkaufen oder Sport treiben vorbeikommen würden und die Bewohner:innen des Lagers noch stärker von der Lokalbevölkerung abgekapselt wären. (...)

Die Solidarität mit den Geflüchteten ist unter den Bewohner:innen von Lesbos fünf Jahre nach dem Deal noch immer vorhanden, aber merklich geschrumpft. Lesbos ist traditionell eine linke Insel und deswegen war es nicht verwunderlich, dass viele Bewohner:innen die Flüchtlinge im Sommer 2015 und danach aktiv unterstützten. Doch im Februar und März 2020 kam es zu schweren Auseinandersetzungen auf der Insel, es herrschte Bürgerkrieg, wie es die Journalistin Ingeborg Beugel ausdrückt. NGO-Mitarbeiter:innen wurden attackiert,

Proteste gegen ankommende Geflüchtete angezettelt, Rechtsextremist:innen aus der ganzen EU fuhren nach Lesbos, um dort »Europa zu verteidigen.«

Es wäre jedoch zu einfach, die Reaktionen der Bevölkerung alleine ihnen anzulasten. Die Insel ist durch die Hotspots politisch und ökonomisch gespalten. Während Westlesbos ökonomisch vom Tourismus abhängig ist – und die Zustände in den Lagern abschreckend wirken können – profitiert Ostlesbos ökonomisch von der Anwesenheit internationaler Organisationen, NGOs und anderen Beteiligten. Ethnografische Analysen zeigen zudem, dass einige Bewohner:innen sich mit ihren Protesten im Recht sahen, sich gegen die aus ihrer Sicht doppelte Kolonisierung der Inseln zu wehren: Sowohl gegen das Austeritätsprogramm der EU als auch gegen den Versuch, die komplette Flüchtlingsaufnahme auf die Inseln abzuwälzen./31(...)
Eine Gesellschaft, die derartige Zustände wie auf Lesbos akzeptiert, verändert sich auch sozialpsychologisch, wird also nach innen autoritärer, wie die Politikwissenschaftlerin Wendy Brown schreibt: »Mauern, die um politische Gebilde herum errichtet werden, können nicht schützen, ohne Versicherheitlichung zur Lebensform zu machen, können kein äußeres ›sie‹ definieren, ohne ein reaktionäres ‚wir' zu produzieren.«/32

Die Europäische Kommission hat im September 2020 den »New Pact on Migration and Asylum« vorgestellt, der das Gemeinsame Europäische Asylsystem reformieren soll. Durch den Pakt werden die Probleme des Moria-Komplexes verschärft. (...) In Lagern an den EU-Außengrenzen sollen Asylsuchende inhaftiert und beschleunigte »Screening«-Verfahren durchgeführt werden. Wer aus einem sicheren Drittstaat kommt, soll ohne Prüfung der eigentlichen Fluchtgründe abgeschoben werden. Besonders perfide sind die neuen »Rückführungspatenschaften«, die zum Unwort des Jahres 2021 erklärt wurden. Mitgliedstaaten, die keine Asylsuchenden aufnehmen wollen, können »Patenschaften« für abgelehnte Asylsuchende übernehmen und müssen dann dafür Sorge tragen, die Menschen schnellstmöglich rückzuführen.

Nicht nur verkehrt die EU-Kommission einen Begriff der Fürsorge in sein absolutes Gegenteil um, nämlich in ein Instrument zur robusten Grenzabschottung, sondern das Prinzip der Solidarität wird ordnungspolitisch verändert:

Es geht nicht mehr um eine solidarische Flüchtlingsaufnahme, sondern ganz offen und unverblümt um eine rigorose Abwehr von Geflüchteten. Statt »Nie wieder Moria«, hat die EU-Kommission also einen Plan vorgestellt, um die Entrechtungsstrukturen aus dem Moria-Komplex zu verstetigen. Die deutsche Bundesregierung, die zu dieser Zeit die Ratspräsidentschaft innehatte, hat diese Pläne aktiv unterstützt.«/33

Maximilian Pichl, Der »Moria-Komplex«: Verantwortungslosigkeit, Unzuständigkeit und Entrechtung fünf Jahre nach dem EU-Türkei-Deal und der Einführung des Hotspot-Systems. Eine Studie im Auftrag von medico international, Frankfurt am Main, März 2021

Anmerkungen

Die Zahlen in Klammern bezeichnen die Nummerierung im Originaltext.

/1 (21) Deutschlandfunk vom 13.09.2020

/2 (22) Neocleous, Mark/Kastrinou, Maria, The EU hotspot. Police war against the migrant. In: Radical Philosophy 200, November/Dezember 2016

/3 (23) Thomsen, Kare Holm/Hausdorf, Tobias, Flüchtlingslager Moria in Griechenland: Zwischen Elend und Abschreckung, taz vom 15.12.2020, siehe: https://taz.de/Fluechtlingslager-Moria-in-Griechenland/!5733705/

/4 (24) Hoden, Daniel/Fotiadis, Apostolis, Where did the money go? How Greece fumbled the refugee crisis, The Guardian vom 09.03.2017, siehe: https://www.theguardian.com/world/2017/mar/09/how-greece-fumb-led-refugee-crisis.

/5 (25) Zitiert nach The Guardian vom 26.09.2018, eigene Übersetzung

/6 (26) Jacobsen, Lenz/Zacharakis, Zacharias, »Griechenland darf nicht der Parkplatz für europäische Probleme sein«. Interview mit Notis Mitarachi, Die ZEIT vom 01.02.2021, siehe: https://www.zeit.de/politik/ausland/2021-02/migrationspolitik-griechenland-eu-moria-notis-mitarachi?utm_referrer=https%3A%2F%2Fwww.bing.com%2F

/7 (30) Siehe dazu den Abschnitt »Scheitern des Rechts« in dieser Untersuchung

/8 (32) Vergleiche dazu vertiefend Ziebritzki/Nestler, 2017, S. 2ff.

/9 (33) Ziebritzki, Catharina/Nestler, Robert, »Hotspots« an der EU-Außengrenze. Eine rechtliche Bestandsaufnahme. MPIL Reserach Paper Series, Nummer 2017-17, Heidelberg 2017, S. 28

/10 (36) Siehe zum Beispiel einen Bericht von Alarmphone über Push-Backs von Frontex kurz nach der Vereinbarung über den »EU-Türkei-Deal« vom 16.06.2016, siehe: https://alarmphone.org/de/2016/06/16/statement-watcht-hemed-alarm-phone-prangert-illegale-push-back-operation-in-anwesenheit-von-frontex-an/

/11 (37) Siehe: https://www.frontexfiles.eu

/12 (38) Siehe dazu den 12. Erwägungsgrund der Verordnung über die Europäische Grenz- und Küstenwache, Verordnung (EU) 2019/1896

/13 (39) Siehe beispielhaft: https://www.spiegel.de/politik/ausland/fluechtlinge-frontex-in-griechenland-in-illegale-pushbacks-verwickelt-a-00000000-0002-0001-0000-000173654787

/14 (42) Fassin, Didier, Humanitarian Reason. A Moral History of the Present, Berkeley 2012

/15 (43) s. Umfrage des Bundesfachverbands unbegleitete minderjährige Flüchtlinge (BumF), 2019, https://b-umf.de/material/umfrage-2019/

/16 (47) Veridirame, Guglielmo/Harrell-Bond, Barbara, Rights in Exile. Janus-Faced Humanitarianism, New York/Oxford 2005, S. 15, eigene Übersetzung

/17 (51) Bogaers, Waiting for Europe – Invisibilization and Non-Politics in the Margins of the Aegean Sea. An Inquiry into the Reception Condi-tions of Asylum Seekers on the Greek Island of Lesvos, Master-Thesis, Radboud-Unviersity 2019, S. 72

/18 (53) Howden/Fotiadis, s.o., 2017

/19 (54) Siehe dazu ausführlich: Samaddar, Ranabir, A Post-Colonial Enquiry into Europe's Debt and Migration Crisis, 2016

/20 (55) Pavlásek, Michal, The biggest humanitarian operation of the century has failed. In: Political Critique vom 30.11.2017

/21 (59) Georgi, 2019, S. 348

/22 (62) 62 EuG, Beschlüsse vom 28.02.2017, T-192/16, T-193/16, T 257/16/22

/23 (63) Siehe dazu: https://www.ecchr.eu/fall/hotspots-in-griechenland-beschwer-de-gegen-das-europaeische-asyl-buero-easo/

/24 (79) Gebauer, Thomas/Ilija Trojanow, Hilfe? Hilfe! Wege aus der globalen Krise, Frankfurt am Main 2018, S. 163f.

/25 (86) Zur Geschichte und Räumung des City Plaza Hotels in Athen, siehe: Bartholomew/Wainwright, 2020, S. 64ff.

/26 (87) Neumann, Mario, City Plaza: Mehr als Solidaritätsromantik. In: Medico.de vom 17.09.2019, siehe: https://www.medico.de/blog/mehr-als-solidaritaetsromantik-17506

/27 (88) Godin, Mélissa, Volunteer Tourists Are Still Showing Up at Greek Refugee Camps. Are They Really Helping?, Time vom 25.02.2020, siehe: https://time.com/5778412/volunteer-tourism-greece-refu-gee-humanitarian/

/28 (91) Thomsen/Hausdorf 2020, s.o.

/29 (102) Tagesschau vom 20.02.2021

/30 (103) 26/ Europäische Kommission vom 03.12.2020, siehe: https://ec.europa.eu/germany/news/20201203-lehren-aus-moria_de

/31 (104) Diaz, Luz, From Compassion to Resistance: Lesbos Refugee Crisis. Master of Arts (MA) Thesis, Old Dominion University, 2019, siehe: https://digitalcommons.odu.edu/gpis_etds/121, S. 45ff; siehe dazu auch Lenz, Ramona, Griechische Inseln: Die Schande Europas und kein Ende. In: Medico.de vom 27.02.2020, siehe: https://www.medico.de/blog/die-schande-europas-und-kein-ende-17651 (zitiert als Lenz 2020a)

/32 (105) Brown, Wendy, Mauern, Berlin 2018, S. 73f.

/33 (108) Zum Einfluss der Bundesregierung auf diese Entwicklung vgl. Hänsel, Valeria/Kasparek, Bernd, Hotspot-Lager als Blaupause für die Reform des Gemeinsamen Europäischen Asylsystems? Politikfolgen-abschätzung des Hotspot-Ansatzes in Griechenland. Expertise für den Rat für Migration vom Mai 2020, siehe: https://ratfuermigration.files.wordpress.com/2020/06/rfm-expertise-hotspots.pdf

Olivenbaum und Wohncontainer, verkohlt, Moria

Time does not say

Why are you angry?
I may be unlucky
but I am not a cheat
I am patient
Due to life
Not being healed
This era will be the past
Easy to say deportation
Could you ask
who was deported?
This era will be the past
Lots of angels
But the EU did not understand
My silence
This era will be the past
Shame is waiting
Incurable
Waiting for death
This era will be the past

Shamshaid Jutt, Moria 2016

MORIA
Epilog in Bildern

Ehepaar Sherzad, Verarbeitung des Erlebten

Nächste Seite: Ruhestätte für ein Baby: Friedhof der Flüchtlinge, Kato Tritos

(K)ein Ort für Kinder

NACHWORT

Sechs junge Afghanen wurden am 11. und 12. Juni 2021 auf Chios, einem benachbarten EU-Hotspot, vor Gericht als mutmaßliche Täter des Brandes in Moria am 9. September 2020 verurteilt. Das Verfahren zeigte einige bemerkenswerte juristische Mängel und Verstöße:

So wurde den zur Tatzeit überwiegend Minderjährigen weder ein Verfahren vor einem Jugendgericht zugestanden, noch wurden ihre Lebensumstände in Moria mildernd anerkannt. Zeug:innen waren vor Gericht nicht in ausreichender Zahl zugelassen, ebenso wenig nationale und internationale Presse sowie ausländische Beobachter:innen. Am Ende wurden die jungen Männer zu zehn Jahren Freiheitsentzug verurteilt. Das hastig einberufene Gerichtsverfahren verstieß nach Meinung von siebzig Menschenrechtsorganisationen gegen grundlegende Regeln der Justiz.

Über das System Moria aufzuklären, liegt am Ende in der Verantwortung des griechischen Staates, der EU-Mitgliedstaaten, der Vereinten Nationen und der Hilfsorganisationen. Europäische Organe wie die EU-Kommission oder das EU-Parlament könnten dies anhand eines Untersuchungsausschusses leisten. Zeugenberichte, wie jene in diesem Buch, mit ihren Schilderungen, Hinweisen, Fakten und Indizien, können bei der Erinnerungsarbeit helfen. Den Aussagen der Schutzsuchenden über Vergewaltigung, Mord und Korruption wäre man unter anderen Umständen vermutlich schon längst nachgegangen, handelte es sich nicht um Flüchtlinge.

Aktuell sind vor allem Pushbacks im Mittelmeer Gegenstand medialer Berichterstattung. Die Vorgänge »an Land« dürfen dabei nicht untergehen. Wie sonst ist der Satz zum Weltflüchtlingstag von Ylva Johansson, der EU-Kommissarin für Migration und Inneres, zu verstehen: »Die Externalisierung unserer eigenen Mitverantwortung gehört nicht zur europäischen Lebensart«. Was aber ist die europäische Lebensart? Flüchtlinge und Migrant:innen sind heute vielerorts in zunehmend militarisierten Camps, Lagern oder Zonen eingepfercht oder quasi inhaftiert.

Das beklagen selbst Mitglieder von amtierenden EU-Regierungen. Es fehlt an Zugang für unabhängige Beobachter:innen und Rechtsanwälte. Ende 2020 wurde dem EU-Parlament und der EU-Kommission ein »Schwarzbuch« mit über 1.500 Seiten übergeben, verfasst vom Border Violence Monitoring Network. Dort sind neunhundert Fälle von Pushbacks mit über 12.600 Schutzsuchenden gelistet. Pushbacks und die Katastrophe von Moria sind also zwei Seiten einer Medaille.

Auch die Hilfsorganisationen sollten sich einer kritischen Analyse unterziehen (lassen). Ein Teil trägt nach wie vor dazu bei, das strukturelle Unrecht im Lager Moria bzw. Kara Tepe zu stabilisieren, indem es ein Ende der Not durch mehr Spenden suggeriert und die Praxis der Verschiebung von Verantwortung mitmacht. Ein anderer Teil lehnt die enge Kooperation mit der Lagerleitung strikt ab. Er will sich nicht zum Komplizen des Systems machen lassen. Die Annahme jedenfalls, dass alle Not auf Lesbos gelindert wird, wenn nur genug Hilfsorganisationen vor Ort sind, ist nach dem Brand in Moria und durch immer neue Akteure, die in den Wochen und Monaten danach in Kara Tepe eintrafen, widerlegt worden. Zugleich verdient die Bereitschaft der freiwilligen Helfer:innen in Moria und auf Lesbos Respekt und Anerkennung. Im Arbeitsalltag aber sind viele oft überfordert. Nötig wären mehr professionelle Helfer:innen, die nach ihrer Qualifikation eingesetzt werden können.

Wichtig wäre auch, dass die Bewohner:innen des Lagers mehr Mitsprache erhalten und mitentscheiden können. Die unabhängigen Flüchtlingsschulen, von denen in diesem Buch berichtet wird, sind ein gutes Beispiel dafür. Die Menschen über Monate und Jahre zur Passivität zu verurteilen, enthält ihnen Bildung und einen Dialog auf Augenhöhe vor, macht sie anfällig für Krankheiten, Depression oder Aggression. Humanitäre Hilfe ist kein Selbstzweck. Selbstorganisierte Gruppen unter den Schutzsuchenden leisten Großes, ohne dafür die gebührende Anerkennung zu bekommen. Diese Leistungen müssen weiter gefördert und eingefordert werden. Ideen für Inklusion und Integration auf Lesbos sind unter der aktuellen Regierung jedoch offensichtlich nicht erwünscht. »Das Land soll keine Flüchtlinge integrieren müssen«, so der griechische Migrationsminister Mitarakis jüngst zur ausbleibenden Solidarität der EU gegenüber Athen. Das fordert einerseits Widerspruch heraus, andererseits schulden wir den Mittelmeer-Anrainern tatsächlich mehr Solidarität und Verständnis. Denn die Einwohner:innen von Lesbos tragen in vielerlei Hinsicht die Last politischer Entscheidungen, die in Athen, Brüssel und Berlin getroffen werden.

Lesbos steht wie wenige Orte für den »Sommer der Flucht 2015«. Damals wurde vorgeschlagen, den Friedensnobelpreis an die Menschen von Lesbos zu verleihen. Sie hätten ihn verdient gehabt. Die Inselbevölkerung ist in den vergangenen Jahren zu vielen Dingen nicht gefragt worden, obwohl es ihr Leben und Schicksal unmittelbar betraf. So kochen unter der Oberfläche unverändert Spannungen und Stimmungen.

Eine möglichst zügige Verteilung der Menschen von den EU-Hotspots auf das europäische Festland würde zur nötigen Entspannung auf den Inseln beitragen. Für den Rest Europas ist sie unbedingt zumutbar. Humanitäre Korridore können dabei eine Rolle spielen, denn auch die Balkan-Route trägt immer mehr Spuren von Blut und Gewalt, von Mauern und Zäunen, in denen sich Menschen verfangen.

Für die Menschen, denen ich in Moria und auf Lesbos begegnet bin, gilt: Flucht verbindet sie als eine tiefe Wunde und als Leerstelle in ihrem Leben. Zugleich gilt: Gerade im Lageralltag erweist sich die emotionale Bindung dieser Menschen zur Heimat, aus der sie geflohen sind, als Rettungsanker. Da sind die vielen Tandoor-Backöfen nach afghanischer Art, aus denen in Moria frisches Fladenbrot geschöpft wurde. Die syrischen Imbisse, die vertraute Geschmäcker von Zuhause wachrufen. Und die afrikanische Musik, die bedrückende Gedanken vertreibt.

Oft nehmen wir Flüchtlinge und Migrant:innen nur als Bedürftige wahr. Die Stimmen in diesem Buch belegen, dass es noch eine andere Sicht gibt: dass wir etwas lernen können von diesen Menschen. Sie vermögen uns zu zeigen, wie man ein Leben in der Not in die Hand nimmt. Etwas pflanzt, wo vorher kein Nährboden zu sein schien. Sie können uns Quelle für Kreativität und Energie sein, obwohl scheinbar bar jeder Ressourcen. Nur wer den Tod gesehen hat, sagt Joseph Beuys, vermag kreativ zu sein. Insofern verkörpern die Menschen von Moria unseren menschlichen Reichtum.

Mittlerweile sind zwei der jungen Frauen, denen ich im Lager Moria begegnet bin, in Deutschland: Zahra und Mahdie (vgl. S. 107-111). So ist Moria ganz konkret bei uns angekommen. Oder wie Mahdie es ausdrückt: »Unsere Träume gehören auch den Menschen in Europa«.

Zahra Hosseini von der Flüchtlingsschule in Moria auf Lesbos, nun in Deutschland

ZUM AUTOR

Martin Gerner ist Autor, Journalist, Fotoautor und freier Dozent für Konfliktforschung. Er kennt zahlreiche Kriegs- und Konfliktgebiete aus eigener Erfahrung. Seit 2017 recherchiert er entlang der Balkanroute und auf Lesbos zu Fluchtursachen und Migration. Seine Reportagen und Analysen aus Afghanistan, dem Irak, der Türkei und internationalen Brennpunkten erscheinen bei Deutschlandfunk/DLF Kultur, dem ARD-Hörfunk und in diversen Print- und Onlinemedien. In diesen Ländern arbeitet er am Aufbau von Zivilgesellschaft und Presse- und Meinungsfreiheit. So hat er in Kabul und in den Provinzen des Landes Hunderte junger afghanischer Journalisten und Journalistinnen ausgebildet. Ähnliches unternahm er im Irak in Flüchtlingslagern vor den Toren von Mossul, während die Menschen vor dem IS flüchteten. Nach vielen Jahren als Redakteur bei Deutschlandfunk/DLF Kultur, arbeitet er heute als freier Autor und Korrespondent. Sein Dokumentarfilm Generation Kunduz lief auf über 20 Filmfestivals weltweit und ist als herausragender Dokumentarfilm vielfach ausgezeichnet.

Er kuratiert außerdem Kulturprojekte zwischen islamischer Welt, Europa und Deutschland mit dem Fokus auf Film, Fotografie und gegenseitige mediale Wahrnehmungen und interkulturellem Austausch. Zu seinen Projektpartnern gehören u.a. das Auswärtige Amt, das Goethe Institut, Ärzte ohne Grenzen, medico international, Amnesty International.

Er arbeitet als freier Dozent mit zahlreichen Hochschulen im In – und Ausland zu Aspekten der Konfliktforschung, Fragen der Migration und Integration. Seine Arbeit und Fragestellung gilt partizipativen und integrativen Fragestellungen und Narrativen zum Globalen Süden, im Nord-Süd-Dialog und im kulturellen Austausch mit dem Anderen.

Martin Gerner ist Fellow des Instituts für Medien und Kommunikationspolitik Köln (IfM), Absolvent des Pariser Institut d'Etudes Politiques/ Sciences Po und der Freien Universität Berlin. Afghanistan/Asien-Experte des Journalists. Network und Blogger für das Afghanistan Analysts Network.

Fotojournalistische Ausstellungen und Arbeiten u.a. für Freelens, EMOP 2016, Photoszene Köln, Kolga Fotofestival Tbilisi u.a.

BILDREGISTER

Cover
Flüchtlingslager Moria nach dem Brand vom 9. September 2020

Zeichnungen Vorwort:
Martin Gerner, Serie »Das Meer und der Tod«, Bleistift/Buntstift

Fotografien

Der Lagerbrand in Moria in der Nacht zum 9. September 2021, picture alliance, AP Photo/Petros Giannakouris

(folgende Fotografien sämtlich von Martin Gerner)

Wenige Seemeilen trennen die türkische Seite von Lesbos, dem vermeintlich rettenden Ufer, 2018
Junge, Moria im Winter 2018
Schneiderei, Ayasos 2018

Blick von Palios auf die türkische Seite, 2020
Reste eines Schlauchboots nach Landung bei Palios, 2020
Yannis Pavlis von Siniparxi bei einem der seltenen Ausflüge, 2020
für unbegleitete Minderjährige aus Moria

Das Meer hinter sich gelassen. Mutter mit Sohn, Moria, 2020
Die eigenen vier Wände, Moria, 2018
Quarantäne-Bereich für positive getestete Corona-Fälle im Lager Kara Tepe, 2020
Ungesicherte Passdokumente nach dem Brand im Lager Moria, 2020

Raed al Obeed mit Enkelkind, das auf Lesbos zur Welt kam, Moria, 2020
Bernard Matuta an der Pier von Mytilene, und sein Englisch-Lernbuch, 2020

Frederike Drössler in den Trümmern von Moria und dem Standort der Schule, wo sie zuvor unterrichtet hatte, 2020
Eine Familie transportiert Hab und Gut von Moria ins neue Lager Kara Tepe, 2020

Seltener Tagesausflug: Unbegleitete Minderjährige beim Tanz, 2020
Familie aus Kunduz mit Baby, Moria, 2020
Alltag in Moria: Schaukel und Bretterbau, 2020
Konfliktreiche Beziehung: Olivenbäume und sich ausdehnendes Lager, Moria, 2020
Suche nach Brennstoff, Lager Kara Tepe, 2020
Der Brand, festgehalten von den Zeichenlehrern Lida und Shukran Sherzad, Kara Tepe, 2020

Gold von Lesbos: Bauer mit Olivenernte in Polichnitos, 2018
Bäckerfamilie in Sigri, Lesbos 2020
Bargespräch, Mytilene, 2019
Folgen des Erdbebens in Vrissa, 2019
Griechisch-orthodoxer Geistlicher, Kaloni, 2019
Innenstadt Plomari, Heimat des Ouzo 2019
Räumarbeiten nach dem Erdbeben, Vrissa 2018
Schutzsuchende vor der griechischen Sozialbehörde, Mytilene, 2018
Einige von Millionen Olivenbäumen auf Lesbos 2018

Stratis Voyatzis mit Frau, Pamfila, 2020
Vangelis Voyatzis und seine Felder, bei Kaloni, 2020
Chrisanti Zeibeki in ihrer Bäckerei, Panagiouda, 2020

Aufwachsen im Lager Moria, 2018
Warten auf den Asylbescheid, Gitterzaun im Hafen von Mytilene,
wo die Schiffe zum Festland abfahren, 2020
Nicolas Perrenoud, ›One Happy Family‹, 2020

Musizierende Flüchtlinge und Freiwillige bei einem Fest in Moria, 2020
Pandemie-Schutzanzug bei Tagesausklang, Moria, 2020
Sportübungen zwischen Olivenbäumen, Moria, 2020

Hilferuf als Tattoo, Moria, 2020
Narben eines Selbstmordversuches, Moria, 2020
Drei Schwestern beim Online-Lernen mit Handy, Moria, 2020

Graffito, Mytilene, 2020
Am Busschalter, Mytilene, 2020
Häuserwand, Mytilene, 2020
Restaurant, Ayasos, 2018
Café in Ayvalik, türkische Seite der Meerenge bei Lesbos, 2020
Badende bei einer Pause vom Lagerleben, 2020

Esther Zerva mit Katherina Panou, Taxiarchis/Lesbos, 2020
Nach Monaten in Moria, Familie mit Wohnerlaubnis
in Mytilene Stadt, 2020
Thomas Mavrofides, im Arbeitszimmer, 2020

Zahra Hosseini, 18, unterrichtet in der Wave of Hope School, Moria, 2020
Mahdie Jafari am Strand in einer Pause vom Lagerleben, 2020
Azim Malikzada, Unterricht in der Wave of Hope School, Moria, 2020
Lagerbewohner mit Strafmandat, weil während der Pandemie ohne
Erlaubnis in Mytilene unterwegs, 2020

Fremd unter Krippenfiguren, Mytilene, 2018
Sakrament für Flüchtlinge in der katholischen Kirche, Mytilene, 2018
Restaurant-Team aus Einheimischem und Schutzsuchenden, Golf von
Gera, 2018
Einheimischer Angler und Bewohnerin aus Moria begegnen sich an der
Hafenpier von Mytilene, 2020
Grafitto, Mytilene, 2020
Afghanische Familie auf dem Weg zum Lager , 2020

Murmelspiel. Moria, 2020
Erschrockener Olivenbaum, 2020
Drachen aus Plastikmüll, unabhängige Schule der Flüchtlinge, Moria, 2020
Flüchtlinge bauen ihre eigenen Zeltfundamente, Moria, Winter 2018,
Kulinarische Nabelschnur zur Heimat: Brot aus dem Tandoor-Backofen,
Moria, 2020
Offene Feuerstelle: Kochen trotz Kochverbot, Kara Tepe, 2020
Essensschlange Kara Tepe, 2020
Wohnbedingungen, die allen Vorgaben widersprechen, Moria, 2018
Tischler, Ayasos, 2020
Schneider, Moria 2020
Sich türmende Spendenlieferungen für Flüchtlinge, Mytilene, 2020

Ärzte und Psychologen diagnostizieren regelmäßig frühkindliche
Verzweiflung und Depression bei Kindern in Moria und Kara Tepe, 2020
Hafen von Mytilene: Unsichere Weiterfahrt mit Asylbescheid auf das
Festland, 2020
Verlassener Tandoor-Backofen nach dem Brand in Moria, 2020
Etagenbetten, in einer Unterkunft für unbegleitete Minderjährige,
Moria nach dem Brand, 2020
Reste von Besteck in der Brandasche, 2020
Olivenbaum und Wohncontainer, verkohlt, Moria, 2020

Ehepaar Sherzad, Verarbeitung des Erlebten, 2020
Ruhestätte für ein Baby: Friedhof der Flüchtlinge, Kato Tritos, 2020
(K)ein Ort für Kinder, 2020

Zahra Hosseini, Lehrerin in der Flüchtlingsschule Moria auf Lesbos,
nun in Deutschland 2021

ZU DEN GEDICHTEN

Shamshaid Slamat Jutt

lebte von Februar bis Oktober 2016 im Lager Moria, wo er u.a. als
Übersetzer arbeitete und einen Gedichtband veröffentlichte. Nach
einer Odyssee über Italien und Frankreich, und einer gescheiterten
Perspektive, dort ein neues Leben aufzubauen, lebt er heute wieder
in Pakistan und studiert dort Computerwissenschaften, Sprache
und Literatur. Zur Zeit bemüht er sich um ein Studienstipendium
zur Aufnahme an einer englisch-sprachigen Hochschule im Ausland.
Veröffentlichung der hier abgedruckten Gedichte im Englischen Original
mit Autorisierung des Autors.

DANKSAGUNG

Für die immer kompetente Zusammenarbeit und kritische Begleitung in der Entstehung des Bandes möchte ich dem Team des Böhlau Verlags herzlich danken: Kirsti Doepner, Christoph Kopp, Stefan Lemke, Annasophie Kiwitt; außerdem Beate Sonneborn, Benno Nothardt, Herbert Jennen, Marvin Mosters, Arian Hassib, Anke Schroeder und Jacqueline Corves für alle sachdienlichen Hinweise und Präzisierungen.